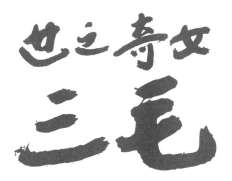

世之奇女 三毛

白马
BAIMA

著

北京燕山出版社
BEIJING YANSHAN PRESS

三毛

作者与三毛姐姐陈田心

作者与三毛弟弟陈杰

目录

目录

序
我为什么要写三毛

三毛是一个传奇。三毛的一生是传奇的一生。

她与荷西生死不渝的爱情，深深地印在读者心中。她浪迹天涯的传奇经历，带给人们羡慕与渴望，并掀起经久不息的"三毛热"。三毛的人生经历，成了无数人不及的梦。岁月无痕，即使远离滚滚红尘，我们仍相信，三毛是一个传奇——永远的传奇。

浙江舟山群岛是三毛的故乡，定海小沙镇是三毛祖居之地。1989年4月三毛回故乡定海探亲，并又给自己起了一个笔名：小沙女。

三毛回故乡定海，我正巡逻在南沙群岛，战友陈骥才、夏正君因军舰没出航任务在定海军港码头靠泊，而有机会拜访了三毛。为减少我的遗憾，战友赠送了一张与三毛的合影，并约定，除非我写三毛传记可以用这张三毛与大陆水兵的合影，否则不得在媒体上公开。我一直珍藏着这张照片。

1991年1月三毛离世，陈骥才为三毛写了一首长诗挽歌：《大海收留的最后一个女儿》。

我购买了《三毛全集》和八十多本三毛的传记及有关图书。在我主编的《望潮》《定海文艺》杂志多次推出"纪念定海籍女作家三毛"

专辑。我去了很多三毛曾经去过的地方。所有这一切，是为了写作"三毛传"。

作为三毛故乡定海的一个作家，我必须找到一个独特的视角切入，一种贴切的叙述方式，进入三毛的世界，解读三毛的一生。

三毛，一个走遍万水千山的作家，一位"行走文学"的先锋，一个将创作与生活结合的人。

从三毛的一生中，我找到了一个关键的词组：奇女子。奇特的个性，奇特的经历，奇特的文笔，奇特的爱情，奇特的旅行，奇特的笔迹，奇特的声音，奇特的行为，奇特的离世……

天下才女很多，奇女子则不多。

带着故乡的情怀、精神的视野、文化的积淀、自身的阅历，我尽见识所能达到的高度尽心表达着三毛的一生。努力填补三毛研究的一些空白。

《世之奇女：三毛》，是献给三毛的，是献给"海上古城，千年定海"——三毛故乡的，也献给无数热爱三毛的读者。

愿在天堂的三毛微笑着收下我这五年多创作的一件礼物。

今夜，我依稀看到你又回到故乡定海，看到你骑着自行车行驶在定海的田野之上……照片上的你，那样美丽、开心……

你是故乡优秀的女儿，是故乡人民永远怀念的"小沙女"。

我在心底呼唤："小沙女"三毛——魂兮归来！归来！

白马

2020 年 3 月 25 日三稿

第一章

三毛的
故乡定海

一千三百多座岛屿组成的舟山群岛，是中国第一大群岛，如无数颗珍珠撒落在东海之上。舟山，这座中国东部沿海唯一的群岛城市，也是浙江省首批历史文化名城。这里有舟山政治、经济、文化中心的古城定海，有海天佛国普陀山，有金庸笔下的桃花岛，有徐福东渡驻泊过的蓬莱仙岛岱山，有列岛晴沙嵊泗，有中国第一大渔场——东部渔都沈家门港，有名扬天下的海鲜夜排档……舟山群岛上的定海，就是三毛的故乡。

　　定海共有大小岛屿 128 个，总面积 1444 平方千米，其中陆地面积 568.8 平方千米，海域面积 875.2 平方千米。

　　舟山群岛，东海前哨，历来为兵家必争之地。明代戚继光抗倭、明末鲁王抗清，就发生在这片土地上；清代三总兵抗英，定海是鸦片战争的主战场。鸦片战争后，英国蓄谋割占定海，因清代道光皇帝深知定海战略地位之重要，转而割占香港。炼丹家葛仙翁、政治家徐偃王、宋代文人柳永、王安石、南明鲁王、孙恩、袁炜、张苍水、清代蓝理、三总兵、林则徐、魏源，等等。如果说他们是从内陆走到定海来的英雄、名人，那么安子介、刘鸿生、朱葆三、董浩云、董建华、金维映、金性尧、三毛等则是从定海走出去的名人。

定海是历史古城，是一座迅速崛起的现代国际人文港城。

定海小沙陈家村，是三毛祖居地，原是陈姓聚居地。清康熙《定海县志·小沙岙图说》载："以沙坡得名。"小沙、大沙岙口沿海多沙滩、沙戈，且为泊舟之所。此为小沙地名的由来。

三毛家的陈氏字辈排行如下：奕世惟文，其述祖德，光显宗嗣，懋照法式，声振家邦，名扬海国，大启尔宇，克绍永则，贤良聿美，孝友天锡。

三毛祖父陈宗绪为"宗"字辈，三毛父亲陈嗣庆为"嗣"字辈，三毛（陈平）为"懋"字辈。三毛为陈家十三世后嗣。

民国二十六年（1937）陈家村《陈氏永春堂宗谱》载有三毛祖父陈宗绪的文字。陈宗绪事迹：

> 生于同治十三年。原为布衣，家境寒苦，少有大志，年十四弃书就贾，习商上海。忠实勤谨，侪偶引重。及金陵开辟商埠，公移业谋发。皇惟时，市况萧索，惨淡经营，卒能有成。公居心慈祥，悯人疾苦，常以急公利贫为志。民国二十一年，办私立振民初小学，购置田产作常年经费。俾贫困儿童免费求学。民国二十三年，独资重建宗祠。是年岁饥，公出资修筑西大路以赈灾黎民。民国二十四年，独资纂修宗谱，敬宗睦族，以示不休。同年又将私有民田 28 则计拾六亩八分送归不育的陈光殿。

小沙陈姓宗祠有几副楹联：

> 济时伟略；经国文章。
>
> 张楚开纪元；文佳第一人。
>
> 鼎甲绵绵接武；春魁世世光宗。
>
> 三君翊汉光乔梓；二阮扶唐驾竹林。
>
> 卧元龙之楼，耿耿济时伟略；读孔璋之檄，岩岩经国文章。

细读这几副对联，"文佳第一人""经国文章"，当今，陈家的女儿三毛以文学成名，亦为陈姓家族增光添彩了。

陈宗绪（1874—1947），是三毛祖父。陈宗绪晚年曾居住在定海鳌山下的施家河头，城里人称他为"小番薯"公公。为何叫"小番薯"？这得追溯陈家历史。

文史作家李仁娟考证，陈宗绪祖籍定海小沙乡，曾祖德周终身读书，不事劳动生产，家道遂衰。陈宗绪父亲陈显来，十六岁父母双亡，孤苦伶仃，还背负大量遗债。父债子还，经亲族会议决定，将所有

三毛故乡舟山定海

遗产全部变卖抵债，显然将会上无片瓦，下无插针之地，因其妻苦苦哀求，才留得秧田一亩，地里有五六千株番薯，菜园一方，平屋二间，聊以生存。显来初以织布为业。同治十三年十月二十八日（1874），陈宗绪降生，改为务农。显来另还有一子名宗信。两个儿子虽同母所生，但体质、秉性迥异。哥哥又高又大，弟弟又矮又瘦。陈家少田地，食不果腹。幼时，兄弟俩常背着竹篓，趴在地里拾番薯菽（收获后遗留在地里的小番薯）。兄弟俩像结在一根藤上的两个大、小番薯，乡亲们亲昵地给他们起了个"大番薯""小番薯"的绰号。

陈宗绪十一岁入学读书，一天到晚除学文化外，还跟父亲一起干农活。农家靠力气吃饭。陈宗绪十二三岁时，觉得守在这个偏僻山村的贫苦农家，永无升腾之日，遂产生外出学生意的念头，十四岁春，他下决心背井离乡外出闯荡。

陈宗绪在 1937 年编修的《定海小沙陈氏宗谱》中详细自述了他发迹的经过。

陈宗绪随堂兄宗大搭长白的帆船至上海，暂住宗大的哥哥宗春家里。宗春也是空手来上海发展的，此时以租地种菜养猪度日，陈宗绪就帮他倒泔水、割猪草、喂猪食，非常辛苦。过了一年，宗春介绍他去信班局船工作，除烧饭外还摇船拉纤，夜以继日，不得空闲，且生命无保障，工作七个月，竟落水四次，险遭灭顶之灾，迫于经济，宗绪不得不挣扎着生存。后经人介绍，到洋人家当用人，每月工资一元。十七岁时，到英国商船当西崽，商船辗转地中海、红海、印度洋，狂风恶浪，船身颠簸不堪，陈宗绪常晕船呕吐，还要受外国船员欺负，艰辛的远洋海员生活让他终生难忘。

十九岁，宗绪入招商局，二十三岁入开平煤矿，均在船上承包西人饮食，薪金颇高，日积月累积蓄了一笔可观资金。

三毛故里——定海小沙

　　三十三岁他便弃船登陆,在南京与人合资经营泰昌兴百货商店,兼营建筑业。人地两疏,受人欺凌,但陈宗绪不畏强暴,打赢了一场重要的官司,从此无人再敢欺侮他。

　　后来,他又在南京与人合资创设泰隆公司,经销美孚煤油及祥泰木料,并在安徽全省分设十余家支店。

　　民国六年(1917),他在南京下关与人合组"顺和号",推销"启新洋灰"(洋灰即水泥)。陈宗绪将洋灰从天津运到南京,做了江南五省的代理。同时做木材、五金、冰厂以及美孚煤油买卖。为了运输上的方便,陈宗绪在南京下关长江边建造了仓库和码头,又买下大片土地,盖起了五六十幢二层楼的房屋,形成一条条街弄。

　　民国十年(1921),陈宗绪在小沙陈家村小山头南麓建造了一座住宅。坐西朝东,五开间二进,后进屋送给哥哥居住。在穷乡僻壤的陈家村，陈宅当属首屈一指的大屋。他又在小沙购置了大量土地，委托哥哥代管。

民国十八年（1929）陈宗绪花一万银元，造了一座豪华坟墓。坟墓坐落在小沙霓桥头，背北面南，占田十余亩，做工非常考究，堪称舟山坟茔一绝。

陈宗绪的夫人是定海干览桥头周氏，生有二子三女，子嗣业，学名汉清（即三毛的伯伯），还有嗣庆（三毛的父亲）。另有三女福梅、松英、国英。日军侵华后，社会动荡不安，陈宗绪于1934年回到定海。舟山当时处于太平状态，陈宗绪购置了城内鳌山下野猫弄施家一进楼屋，又在屋旁建了一座三层楼水泥洋房小院，颐养天年。他每天吃素念佛，在它山庙设常平坛，拜菩萨、扶乩求签，祈求国泰民安。

1937年12月13日，日军侵占南京，见人就杀，见房就烧，奸淫掳掠，这就是震惊中外的南京大屠杀事件。陈宗绪建在南京的楼屋也全部被焚毁，一生的心血化为灰尘。陈宗绪心痛不已。之后，日军侵占定海，陈宗绪将所购建的房屋低价出售他人。

1947年10月21日，陈宗绪卒于施家旧楼里。

1958年破"四旧"，坟墓被列为封建迷信之物，要求破除，一场大挖坟墓运动燃遍海岛，三毛祖父陈宗绪的豪坟成为最醒目的目标。

陈宗绪入殓于黑色柏树棺材中，因入殓时棺内铺垫了很多石灰，挖出时，尸体保存完好。按当时的"革命"处理，由亲人拾骨入殓于土。参与挖坟的大队书记大发善心地说："公公好歹也是陈家人，我们不要为难他。"于是又将尸体装进棺材。在上海的侄媳方金兰（陈宗绪哥哥的儿媳，一位活过百岁的老人，三毛来定海探亲时去看望了她的"大伯母"）闻讯赶来定海处理，将叔公的灵柩做成草夹坟，

陈氏永春堂宗谱

将尸体埋于菜地。这是陈宗绪生前始料不及的。

之后，在陈宗绪墓地的位置建起了小沙医院，后又盖起了乡政府大楼。

陈宗绪在小沙留下了好的口碑。上年纪的乡民都说："小番薯"公公为人诚信、忠厚、开明，为小沙人做了不少好事。修缮了陈氏宗祠，到宁波认祖重修了宗谱；灾害之年运来碎米、棉布救济穷人。他还在宗祠里办过振民小学，贫困儿童都免费入学。他为《定海县志》的编纂也捐了钱，为定海公立医院捐助基金五百元。陈宗绪生前历任沪商会会董、同乡会会董、四明公所董事等职，晚年回定海，曾任定海救济院院长、体仁局董事等职。

陈宗绪59岁的时候，对其子嗣业、嗣庆口述一生经历时，总结了几点：第一，应有改善环境之决心与方法；第二，应有艰苦奋斗、百折不挠之精神；第三，应有不畏强梁、除暴安良之勇气。并由此而感慨："诚能人人如是，则我族之兴可立而待，更推而至一乡一县一省一国，又何独不然？"

陈宗绪利用陈家祠堂创办振民初级小学校，让乡村贫穷的孩子都能够免费上学读书。振民初级小学校全称"定海县私立振民初级小学校"，"是以振醒斯民也"。振民初级小学校兴办之初的所有开支及设备都是由陈宗绪独力负担。在以后几年里，陈宗绪为使学校持久稳定，屡次慷慨解囊，并购买民田拨归学校所有。其他人士为陈宗绪义举感动，也纷纷尽自己所能支持学校。

清光绪二十九年（1903）癸卯科举人孙尔瓒对同邑陈宗绪的诸多善举甚表赞许，在《陈氏永春堂宗谱序》中这样写道："君之高

三毛祖父创办的振民初级小学校——现为陈家祖堂

掌远跖，经商中外，白手起家，积赀恒数万，营宅第，建祠堂，兴学校，凡有善举，知无不为。"

陈宗绪晚年经常告诫后辈族人：应知一衣一饭来处不易，不可暴殄天物，浪费无度；对于农工痛哭应表同情，不可存轻视之心；应各就斯业，努力工作，无论家道如何，在年富力强之时，一概不得游惰，坐食不事生产；在可能范围内应救济贫苦无告之人，以减轻社会之病态；应谨守我国固有之道德，勿堕家声。

陈宗绪的两个儿子均毕业于高等学府。陈汉清（又名嗣业）毕业于上海圣约翰大学文学系，后再读于东吴大学法学院和上海法学院，得学士学位，曾任国民政府司法行政部法官，以后转为执业律师。

三毛之父陈嗣庆毕业于东吴大学、复旦大学法律系，也从业律师。中华人民共和国成立前夕，他们都去了台湾。陈宗绪大女儿福梅嫁到马岙唐家。松英参加革命，中华人民共和国成立后在上海派出所工作。松英的女儿曾任武汉《长江日报》编辑，外甥女是记者，1989 年 4 月三毛来定海祭祖时，她也来到定海，对三毛进行了报道。国英去了台湾。

1989 年 4 月，三毛来定海祭祖，当地政府重建祖父陈宗绪的坟墓。

第二章

三毛的
红尘岁月

我活一世比常人活十世还多。

——三毛

三毛是一个奇女子，她的一生亦是传奇的一生。

三毛，本名陈懋平，学名陈平，乳名"妹妹"，她还有一个英文名字叫"Echo"（艾珂），这是一位希腊女神的名字。"三毛"这个名字，是她 1974 年发表短篇《沙漠中的饭店》时自己取的笔名。在这以前，她一直用"陈平"发表作品。1989 年，三毛回家乡浙江定海小沙探亲，给自己起了一个新笔名，叫"小沙女"，作为对故乡的怀念。三毛还有一个很长的名字，是她的西班牙丈夫荷西给她起的，叫"我的撒哈拉之心"。

重庆黄桷垭

1943 年 3 月 26 日，三毛出生在重庆一个名叫黄桷垭的地方，现在的重庆市南岸区南山街道黄桷垭老街 154 号，按家族辈分取名"陈懋平"。在日本侵略中国的抗战岁月里，父母给她取的名字中的"平"字，寄托渴望和平的心愿。三毛一家是在日本侵略中国，南京沦陷前迁到重庆的。

三毛是陈嗣庆夫妇的第二个女儿。姐姐陈田心，比她大三岁。后来又有了两个弟弟，大弟弟陈圣，小弟弟陈杰。三毛最亲的是小弟。

姐姐陈田心从小喜欢文艺，后来当了音乐教师。陈圣经商。陈杰继承了父亲的律师职业。

三毛的父亲陈嗣庆，早年毕业于苏州东吴大学法律系，后到上海，教书为生。抗战时期到重庆，以律师为业。三毛的母亲缪进兰，出生于上海。高中时期的缪进兰，曾参加过学校抗日救亡协会，积极参与救亡活动。她是学校的活跃分子，还是校篮球队队员。高中毕业后，和陈嗣庆结婚。缪进兰做过小学教师，后来辞职在家，当家庭主妇。陈嗣庆和缪进兰，都是基督教徒。

黄桷垭自古流传着这样一段民谣：

> 黄桷垭，黄桷垭，黄桷垭下有个家。
>
> 生个儿子会打仗，生个女儿写文章。
>
> ……

三毛的父亲陈嗣庆也许想不到，他竟然"生个女儿写文章"。

三毛长到三四岁时，学习写名字，总也写不好笔画复杂的"懋"字。小孩子图省事，就把"懋"字跳过去。陈嗣庆只得顺水推舟，给她改名叫"陈平"。

抗战胜利，全家到了南京

如陈嗣庆所期待的，三毛出生两年后，日本宣布无条件投降。战争结束后，陈嗣庆带着全家，搬到了国民政府所在地——南京，开了一家律师事务所。他们的家也搬进了南京鼓楼头条巷4号，一幢宽敞的西式宅院。陈嗣庆和三毛的大伯一家合住，直到1948年，他们经上海迁到台湾为止。

三毛姐姐陈田心说童年的三毛，性格有点孤僻，不爱和同龄孩子一块儿玩，爱看人宰羊，她很专注地、从头到尾盯住屠宰的全过程，一个细节也不肯放过。看完，脸上有一种满意的表情。

陈嗣庆说，有一天大人在吃饭，突然听到一阵激烈的打水声音，等到他们冲到水缸边时，发现三毛头朝下，脚拼命打水。水缸很深，小孩子居然双手撑住缸底，好使自己高一点，这样小脚才可打到水面出声。父亲把她揪出来时，她也不哭，说了句"感谢耶稣基督"，然后吐出一口水来。

鼓楼幼稚园入读

童年的三毛在南京时，被送进陈鹤琴办的鼓楼幼稚园。三毛在这一时期，已经在南京家中开始了读书。

家中二楼有间书室，专门为孩子们开辟的。三毛在这里读了生平第一本书——漫画家张乐平的名作《三毛流浪记》。三毛流浪的故事，她终生难忘。后来，在撒哈拉沙漠，她取笔名"三毛"，也算是一种纪念吧。除了张乐平的书，她还读了《木偶奇遇记》《格林兄弟童话》等图书。三毛是先看书，后认字的。

大姐陈田心回忆："小时候我们在重庆，我跟三毛坐在一个石阶上，傍晚时分，一人一碗饭，就一碗白饭没有菜哦，可是挺好吃的，我想母亲一定是加了猪油和盐。吃完了我们两个人就出去玩。那时我六岁，她三岁。我们去荡秋千，我一直想不通，现在三岁的孩子不是还被大人抱着、牵着吗？怎么三毛跟我两个人在很大的院子里荡秋千，她才三岁，荡得快翻过来了。我站在下面，风呼呼地吹，树枝哗啦哗啦地响，我很害怕，我一直记到现在。我说：'妹妹，快点下来，天已经黑了，你荡得快翻过去了，快点下来。'等到她下来了，还不跟我回家，要跑去坟墓跳一跳，然后蹲下看，还说，一个人死了为什么要埋在泥土下面呢？"

　　在重庆，他们这些孩子是没有玩具的，可是三毛有自己的"玩具"，有自己的玩法，"她会看地上的蚱蜢、蜗牛，蜗牛爬得很慢，她就会蹲着一直看，然后问：'为什么蜗牛走过，后面有长长的白白的东西？'"

　　家里的圆桌会铺上桌布，桌布垂下来，陈田心和三毛躲在里面玩。一天，两人听到有大人在圆桌旁唠叨她们的妈妈，"也不知道是谁，她们也不是骂我们的妈妈，就说她什么什么不对，其实一家人的事都是我母亲一人承担。我听着没怎样，三毛却把桌布撩起来，跳出来说：'你为什么骂我妈妈？'"

　　"还有，下雨时我是绕过水塘走，三毛永远是跳到里面踩一踩，因为穿布鞋不能进水塘，所以她不穿，最后她偷偷地拿一把剪刀，把鞋子剪破了。"

　　三毛不识字时，陈田心就读《西游记》给她听，每次要收两毛钱，所以三毛常常问妈妈要钱。陈田心说："我讲铁扇公主、唐三藏、孙悟空逃不过如来佛手掌心这些故事，她听得津津有味，但长大后是她讲给我们听，不是我们讲给她听了。"

在南京，三毛最爱吃马头牌棒冰。

三毛在中国大陆生活时间并不很长，三毛在重庆、南京和上海，度过了六年孩提时光。

到台湾，入小学读书

1948 年，三毛跟着父母，渡过台湾海峡，举家迁到台湾岛上。

三毛的父亲和伯父，把家安在台北建国北路，一幢日式房子里。

三毛小学毕业照

三毛六岁，还不到入学的年龄。母亲缪进兰教子心切，好说歹说，硬是说动了老师，把三毛送进了学校。

从小显示奇特的灵性

大约六岁，三毛跟父亲到机场接一个朋友。客人从日本来，老朋友相见，分外亲热。一旁的三毛，却看出了父亲看不到的东西。她悄悄告诉父亲，这位远来的叔叔，家中刚死了人。陈嗣庆听了，紧紧攥住了女儿的手，示意她不要胡说。客人到了家，落座言谈之间，面容悲戚，说到前几个月，他的儿子不幸夭折，潸然泪下。陈嗣庆想起三毛的话，不禁暗暗吃惊。

三毛长大之后，不止一次地对人说过，她很小的时候，就能用"心灵感应"的特异功能，掐算过去，猜度未来。她举过不少例子。十三岁那年，她预感到自己将来要嫁给一个西班牙人。她把这种感觉告诉母亲，母亲不以为然。然而，数十年后，她果然成了西班牙人荷西的妻子。

有关三毛"心灵感应"的种种传说，为她罩上了一层神秘的色彩。有一点不可否认，作为一个作家，三毛确乎有着比一般人敏锐细腻得多的文学感觉，一种非常难能可贵的天赋。没有这样一种天赋，就没有文学奇才三毛。

成为小书奴

由于入学前有了阅读基础，入学后，拼拼注音，三毛就可以自个儿读书了。课堂上的东西过不了瘾，课外阅读成了三毛生活的重要内容。她开始翻堂哥们的书架。鲁迅、巴金、郁达夫等人的作品，就是这样被翻出来的。许多年以后，三毛还记得，她读鲁迅散文《风筝》，受了很大的感动。

读书成了三毛最大的嗜好。

家中的藏书翻遍了，三毛便盯上了附近的租书摊。不知从哪一天起，她捧起了大部头的《三剑客》《简·爱》《呼啸山庄》等名著。对三毛来说，这些还显得过于深奥的西方名著，开始闯进了她的心灵世界。

之后，她开始读中国长篇小说。第一部是《风萧萧》，作者徐訏，二十年后徐訏成了三毛的干爸……

到了小学五年级，三毛的阅读能力，大大超过了同龄的孩子。

五年级下学期，三毛读了曹雪芹的《红楼梦》。这部中国古典文学巨著，给了她一生莫大的影响。当年三毛十一岁半，接受了《红楼梦》的启蒙。从此，她与文学结下了不解之缘。事实上，《红楼梦》给予三毛的影响，不仅有文学上的，还有哲学上的。杂糅在那部伟大名著中的中国传统的佛道思想，对三毛世界观的塑造，起了极重要的作用。

在三毛早年读的书中，还有两本书必须一提。一本是金庸的《射雕英雄传》，另一本是《水浒传》。三毛六年级，毕业考试最紧张的时候，忙里偷闲，读了《射雕英雄传》。之后，便迷了金庸一生。初一，三毛读了《水浒传》，这本书对三毛的文学风格影响很大，从她的成名作《撒哈拉的故事》中生动活泼的白描手法可以看出来。

三毛认为，一个中国作家在起步的时候，《红楼梦》和《水浒传》是两部最好的教科书。1982年，她到台湾文化学院教中文，便自作主张，开了这两部书的专题课程。

在三毛的文学作品中，"红楼"魂魄和"水浒"笔法交相辉映，水乳交融。

总之，课外阅读使三毛成了书奴，成了小学和中学时代最大的乐趣，也为她日后成为一个作家，打下了良好的基础。

三毛的拾荒之梦

三毛有一个奇怪的癖好——拾荒。

三毛自小走路喜欢东张西望，尤其是小学放学，书包请走得快的同学带回家交给母亲。她一个人沿着田间小径，慢吞吞地游荡，这一路，总有说不出的宝贝可以捡起来赏玩。

一天，在课堂上，国文老师布置作业，题目是小学老师们惯用的：写自己将来想成为一个什么样的人。

作文一向是三毛的强项，几乎每次写作文，老师不用看，就要她把自己的文章给全班朗诵，作为范文嘉许一番。这一次三毛又被点名起来朗诵，却让老师大失所望。

三毛大声读道："我有一天长大了，希望做一个拾破烂的人，因为这种职业，不但可以呼吸新鲜的空气，同时又可以大街小巷游走坑耍，一面工作，一面游戏，自由快乐得如同天上的飞鸟。更重要的是，人们常常不知不觉地将许多还可以利用的好东西当作垃圾丢掉，拾破烂的人最愉快的时刻就是将这些蒙尘的好东西再度发掘出来。"

三毛还没有读完，老师生气地说，"如果将来拾破烂，还要到学校读书干什么？"老师命三毛重写作文。

三毛收回这篇拾荒人"宣言"，写了自己当一个医生的理想。

老师看了，点头满意。

但拾破烂，成了三毛一生中戒不掉的闲情雅趣。

1987 年，三毛出版了一本书《我的宝贝》，详细介绍自己一部分收藏品，叙述了每个宝贝里藏着的故事，并附有精美照片。

三毛与哑巴炊兵的故事

读四年级那年的秋天，军队驻校，三毛结识了一位大朋友——哑巴炊兵。

一天早晨，三毛像往常一样上学，路上撞见一头疯牛，吓得魂飞魄散，一头跑进了教室。那天碰巧是三毛值日，她小心翼翼地提着一壶开水，往回走，她被疯牛的吼声吓坏了。她放下壶，蹲在走廊上，缩在那里恐惧地啜泣起来。这时，哑巴炊兵挑着一桶水过来了。哑巴放下担子，提起三毛的小水壶，搀起受惊的小三毛，把她护送进了教室。疯牛，最后被出操回来的驻军们赶走了。

于是，三毛和哑巴成了朋友。哑巴不会说话，也不识字，三毛用树枝在地上教他识字。放学了，哑巴带她玩跷跷板。哑巴爱笑，当小三毛被高高地弹到半空中时，哑巴就会笑起来，小三毛也很开心。

哑巴参军前，是大陆乡下的农民。有一天，媳妇要生小孩了，老娘吩咐他到城里买药，半路上被抓了壮丁，到了台湾。哑巴回不了老家，见不到老娘，见不到媳妇，也见不到那个没能见面的孩子。善良的哑巴便把一腔父爱，倾注到眼前这个和他的孩子年龄相仿的女孩身上。每天清晨，哑巴都呆呆地立在校门口等着，直到看见三毛，才像孩子似的笑起来。

一天，哑巴难过地告诉小三毛，再过几天，军队就要开走了。

他们就要分手了。说完，湿着眼睛，送给她一枚贵重的金戒指。

这一大一小的友谊，遭到了老师的制止。在老师的威吓下，三毛被迫与哑巴疏远。哑巴很悲伤。三毛总是看见他在远处的墙角，哀哀地向她的教室张望。

直到驻军要走了，三毛终于忍不住，冲出教室和哑巴道别。哑巴送给她一包牛肉干，牛肉干的纸包上有一个地址和姓名。

三毛不能给哑巴写信，但她一辈子也忘不了这位朋友。成名之后的三毛，写了一篇散文《吹兵》。她写道："那是今生第一次负人的开始，而这件伤心的事情，积压在内心一生，每每想起，总是难以释然，深责自己当时的懦弱，而且悲不自禁。"

哑巴不识字，恐怕读不到三毛的这篇散文。但与哑巴交往，可以看出三毛内心的真情与爱心。

三毛的美术梦

五年级，读《红楼梦》的那一年，三毛还发现了另一个瑰丽世界——美术。

一次，三毛被墙上的一幅画吸引住了。那是一幅报纸大小的素描，画面是一个女孩子的头像，美丽得像一个天使。

这幅画震撼了三毛。三毛说："那一瞬间，透过一张画，看见了什么叫作美的真谛。"与《红楼梦》给予三毛的文学启迪相似，这幅少女肖像唤起的美感，是三毛在美术方面的一次启蒙和觉醒。三毛在这以后，更多的是做画家的梦，其次才是文学梦。

受辱事件

十二岁那年，三毛以优异的成绩，考入了台北最好的女子中学——台北市立第一女子中学。

初二，数学成绩直往下滑。几次小考下来，最高分数才得了五十分。不久，三毛找到了考高分的窍门。她有一个秘密的发现：老师每次出小考题，是从课本后面的习题里选出来的。于是三毛对症下药，每到临考，就把后面的习题琢磨出来，反复背诵，烂熟于心。她记忆力强，一个晚上能背十多道代数题。

接下来，奇迹出现。一连六次小考，三毛都得了满分。三毛心花怒放，老师却满腹狐疑。一天课间休息，数学老师突然叫住三毛，带她进了办公室。老师拉开抽屉，取出一张早已准备好的数学卷子，限十分钟，要三毛当场做出来。题目难度很大，是初三年级的卷子。三毛吃了"鸭蛋"。

一场令三毛刻骨铭心的羞辱发生了，在全班同学面前，这位数学老师，拿着蘸着墨汁的毛笔，在三毛的眼眶四周涂了两个大圆圈。

老师令三毛转过身去，全班突然爆出了一阵阵哄笑。老师觉得意犹未尽，还命令三毛去教室外面，在大楼走廊里走上一圈再回来。三毛不敢违背老师的命令，在奇耻大辱中，一步一步地，把长长的走廊走完。回到教室，一位好心的同学拖了她去洗脸。三毛拼命地把凉水往脸上冲。一句话也不说，一滴眼泪也不掉。她只想用清水把耻辱洗掉。

受辱事件发生后，三毛回家，没有告诉父母。晚上，她躺在床上，拼命地流泪，在黑暗中默默地洗刷心头的屈辱。天亮了，坐公车去学校，硬着头皮，在讥笑的目光里走进教室。她沉默着，不流泪。

第二天、第三天发生的事情证明，三毛的满腹屈辱，不仅没有被眼泪洗去，而且留下了很深的心灵创伤，那天早晨，三毛上学，走到走廊看到自己的教室，就晕倒了。

三毛的心理障碍，一天比一天严重。三毛还是咬着牙，不把那场羞辱告诉父母。

三毛开始逃学。她一逃公墓，二逃图书馆，逃到那里的目的，是一个人静静地读书。读书成了这位孤独少女逃避世界的最大慰藉。

三毛在《轨外——我的少年》中写道"我在学校里受了这样大的一个精神上的刺激和侮辱"。

休学在家

三毛童年时生性孤僻，爱到荒坟边玩泥巴。十年后，这个渐渐长大的少女，又到寂静的墓园里汲取慰藉。她感到，在这个世界上，没有比和死人做伴更安全的事了。

为了不让人发觉，三毛的逃学办法是，每旷课两三天，便去学校坐一天，让老师看见她，然后再失踪三五天。

在她逃了数月后，终于有一天，学校给陈嗣庆写了一封公函，告诉家长，校方发现三毛逃学的事。

父亲和母亲没有说一句责备的话。三毛暂时休学。

第二年，母亲鼓励女儿拿出勇气，正视现实。他们再次为女儿注册，送她上女一中。然而，事与愿违，几天之后，三毛又开始逃学。她不再去墓园，而是到一个更好的去处——图书馆。

继续上学是不可能的了。陈嗣庆夫妇到学校办了手续，让女儿休学在家。

三毛休学七年。

家庭以外的庞大社会，在又瘦又小的三毛眼睛里，变成了一个红尘滚滚的巨魔。三毛关上了心灵的窗户，把自己囚禁在卧室里。那间卧室，本来是三毛和姐姐合住的。陈田心上了音乐师范住学校。于是，小小斗室，便成了三毛的全部世界。

三毛——成了一个心灵的苦囚！她囚禁自己。对于一个少女来说，这是一场多么残酷的心灵折磨。

因为自闭症，第一次自杀

十三岁到二十岁，是一个少女美若春花的年龄。感情丰富、酷爱文艺的三毛，本应有着更浪漫更热烈的追求。然而，冷酷的事实是：七年时光，三毛的心里，注满了悲苦。她在痛苦中挣扎，希望灵魂得到解脱。

在一个台风呼啸的夜晚，三毛不堪痛苦的折磨，断然割破了左手腕动脉，以死求解脱。陈嗣庆夫妇及时发现，慌忙把女儿送往医院抢救。

三毛被抢救过来，手上缝了二十八针。三毛苏醒后，看见父母哀愁的神色，听见他们喃喃地求她活下来。她第一次发现，她的生命对父母来说，是多么重要。

三毛此后还有一次自杀记录。那是十年后，她的德国未婚夫在新婚前夜，猝死在她的怀里。三毛痛不欲生，在一个朋友家里服药自杀。她又一次被抢救过来，却留下了终生胃病。

自闭岁月：父母负起教育的责任

在邻居、亲友眼里，三毛是一个"问题孩子"，是羊圈里的一只黑羊。

好在陈嗣庆夫妇是那种有足够涵养的知识分子。他们懂得教育方法，也不缺乏耐心和恒心。他们没有更多的责备，只是默默地挽着女儿去医院。为三毛看了无数的心理医生。医生和她谈话，讲故事，讲人生道理，还让她吃了很多药。然而，无论如何，也解不开三毛心中自卑和恐惧的死结。

她的智力变得很差。心理医生测量智商，她仅得六十分，接近于低能儿。

三毛在台湾时全家合影

三毛像一头幼兽，舐着自己伤口的鲜血，哀哀地怜悯自己。她郑重地为自己取了一个英文名字——Echo。Echo是希腊神话里，一位山林女神的名字，意译是"回声"。三毛以Echo为名，表达了一个少女满腹哀愁和水仙自恋的心态。

七年的自闭生活，犹如一片沉重的黑翳，在三毛的心头，久久挥之不去。

三毛休学在家。陈嗣庆夫妇不忍女儿就此荒废了，毅然负起教育的责任。陈嗣庆先生早年毕业于颇有名气的东吴大学，当过老师，他的水准和教学经验，加上深厚的父爱，比起学校里的老师，能倾注给三毛更多的心血。

陈嗣庆的家教课目主要是国文和英文（依然没有数学）。此外，还有钢琴。

每天下班回来，陈嗣庆顾不得一天的疲劳，给她讲解《古文观止》。讲罢一篇，便让三毛背诵。后来，又讲李白、杜甫、白居易，唐宋八大家，豪放派和婉约派，元代杂曲，清代考据。三毛记性好，悟性也高，进步神速。

英文抓得很紧。陈嗣庆选的第一本英文读物是欧·亨利的《浮华世界》，以后又选些《小妇人》《小男儿》一类的书给三毛看。

母亲缪进兰也跟着操心。每一次上街，都会买一些英文漫画故事书回来。

在三毛自闭的岁月中，在她生命最黯淡的日子里，陈嗣庆夫妇表现出了少有的爱心、耐心和恒心。自闭的三毛有时反抗社会和人生的第一个对象，就是父母。违抗父母，顶撞父母，是她最直接最自然的反叛方式。然而，父母以他们的学识、韧性、理智、宽容去包容这个又脆弱又刚烈的女儿。

如果没有三毛父母的宽容与爱，就没有日后的三毛。三毛弟弟陈杰说，三毛休学在家，父母从没在他们面前提及，他也不知小姐姐休学的事。

有句话说，"爱是恒久的忍耐"。三毛父母做得很好了。

学画之路

休学后，陈嗣庆夫妇顺着女儿的性子，慢慢地诱导，鼓励女儿成为一个画家。

刚办完休学手续，三毛先是报了美国人办的学校，学不下去。再到插花班学习日本插花，又学不下去。父母便请了家庭教师，让三毛学她最爱的绘画。

三毛的第一个绘画老师是黄君璧先生。三毛跟着黄先生一张一张地临摹山水。这种优雅得近乎刻板的学习方法，三毛觉得索然无味。

只好改换门庭，投到邵幼轩先生的门下学画花鸟。邵先生疼爱这个瘦弱的失学女孩，不让她一笔一画地临摹，而是早早地教她开笔创作。

据了解，三毛的花鸟画得过台湾地区的金奖。但比较起国画来，三毛对西洋绘画，似乎更感兴趣一些。

二堂哥懋良有一本毕加索的画册，一下子吸引了三毛。

三毛学国画不成，兴趣转移到了油画。

通过陈骕，三毛知道了顾福生老师的大名。三毛便央求母亲，让顾福生收她做学生。过了一段时间，母亲告诉她，顾福生答应了她的请求。

顾福生是国民党高级将领顾祝同的公子，是台湾画坛新潮画派

三毛国画作品之一

的新秀，在台湾小有名气。开学那天，三毛一个人背着小画架，怯生生地敲开了顾家的大门。顾福生很年轻，热情、温和。

他问了三毛许多话，却一字不提她休学的事。三毛心中觉得一丝温暖。

三毛咬着牙，苦苦学了两个月还是没有多大的长进。终于有一天，她难过地告诉老师：她不是这块料，不想再拖累老师了。说完这些话，三毛低下了头，内心世界极为痛苦。听完三毛的话，顾福生微笑着，递给了她几本《现代文学》杂志。他嘱咐三毛回家，好好地读一读。

《现代文学》月刊主编白先勇是顾福生的朋友。三毛读了顾福生给她的杂志，发生了很大的变化。一天，下了课，她交给老师一篇东西。顾福生翻了翻，是一篇散文，没有多言语，就收下了。这是 1962 年 11 月发生的事情，三毛十七岁。

一周后上课，顾福生淡淡地对三毛说："稿子看了，写得不错，已经给白先勇了，一个月后，《现代文学》刊出。"

"这一句轻描淡写的话如同雷电一般击在我头上，完全麻木了。我一直看着顾福生，一直看着他，说不出一个字，只是突然想哭出来。"这是三毛回忆当时的感受。

1962 年 12 月，三毛的处女作散文《惑》在《现代文学》杂志上刊出。三毛没有想到，她的文学梦竟然这么快就实现了。

她既激动又兴奋地把杂志带回家。陈嗣庆夫妇读着女儿的作品，不禁泪光闪闪。

文学之梦：迎来新生

> 认识顾福生是一个转折点，改变了我的少年时代。
>
> ——三毛《惊梦三十年》

《惑》的发表，是三毛一生中的一件大事。《惑》发表在三毛最苦闷最黯淡的时期，它砸掉了三毛自卑枷锁的第一根链条。三毛的父母、亲戚、朋友们，都自然而然地意识到：三毛，不但不是一个"低能儿""问题孩子"，而且是一个有才华、可以造就的孩子。

三毛本人也渐渐地打开了紧闭的心灵窗户，开始成为一个有信心、有欢乐的姑娘。

三毛说："我的文章，上了《现代文学》。对别人，这是一件小事，对当年的我，却无意间种下了一生执着写作的种子。"

三毛终生感谢她的恩师——顾福生。

作为绘画老师，顾福生热心地充当了三毛人生导师的角色。一

三毛国画作品之二

方面，他察觉到了三毛美术上的天赋不足；另一方面，他发现了这个女孩的文学天赋。他热忱地发掘了她禀赋中最有光彩的东西。

就读文化学院

一天，三毛好友陈秀美跟三毛说，台北华冈文化学院开办了一年，建议她不妨做一个选读生试试。三毛听了觉得有理。当天，三毛给学院院长张其昀（晓峰）写了封求学信，叙述了失学和自学的经历。信中恳求："区区向学之志，请求成全。"第二天，张先生回信来了，要她即刻到学校报到。

三毛成了文化学院第二届选读生。

注册时见到张院长，三毛带去一大摞自己发表的作品和绘画。张先生看了，很高兴，建议她选读文学或艺术专业。三毛想了想，接过申请表，填了哲学系。她没有接受院长的建议。

为什么上哲学系？三毛说："之所以选择哲学，是因为想知道人活着是为了什么？"她要继续把人生探究下去。

三毛的情感世界，还没有走出雨季。

初恋：爱上梁光明

文化学院戏剧系二年级有一个男生叫梁光明（笔名舒凡），是文化学院有名的才子。入学前当过兵，大学二年级，就出版了两本书。三毛怀着十九岁少女的英雄崇拜，读了他写的作品，顿生爱慕之情。三毛毫不设防地坠入了情网。那是三毛真正的初恋。

不幸应了那句话，初恋不一定能有结果。

三毛在爱情的梦里，度过了两年沉醉的时光。

到大学三年级，梁光明即将毕业。三毛的爱情，遇到了难题。三毛提出和他结婚，急于让爱情有一个归宿。梁光明不答应，理由是等毕业之后，事业前途安稳下来，再结婚也不晚。

爱情，变得累人起来。三毛冷静不下来，神情恍惚。三毛说："我不管这事有没有结局，过程就是结局，让我尽情地去，一切后果，都是成长的经历，让我去。"

为了让男友给她一个"感情的保证答案"，她开始逼梁光明。逼他的办法是提出如果不结婚，她就出国留学去。但事情与三毛料想的相反，梁光明没有答应。

怀着失恋的痛苦远走异国他乡

三毛步步紧逼的结果，导致假戏成真。去西班牙，出国申请、护照、签证，手续一一办齐。真的要离开心上的人，到遥远的欧洲求学了。

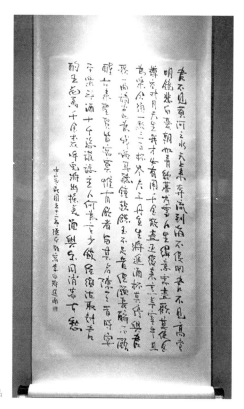

三毛书法作品

这位十九岁的姑娘，怀着失恋的痛苦，强忍着泪水，和亲人道别，走向异国他乡，去寻找心中的橄榄树。

三毛飞往西班牙首都马德里。她将在马德里大学哲学系进修两年。

三毛为什么要选择西班牙？她说，在大学三年级，偶尔听到了一张西班牙古典吉他唱片，深受感动。她想象那个国土上田园、牧歌、小白房子、毛驴、一望无际的葡萄园，产生无限神往！

去西班牙，依然是一个浪漫的选择。

三毛说："我一直在想，是不是应该到那里看一次，然后把哲学里的苍白去掉。"

三毛去西班牙进修，不是为了深造，而是到异国他乡去，把心中流的血舐干，因为她是在爱情的折磨中逃走的。

三毛在马德里两年，收获当然也就不只是学业上的。

三毛很少提及她在西班牙的学习生活。她说得最多的是西班牙人的生活方式和情感如何改变了她苍白的人生。

她做过一个比喻，说她在马德里像一只"无所谓的花蝴蝶"，无拘无束，自由闲荡。坐咖啡馆、跳舞、听轻歌剧，还抽上了烟。

三毛爱上了旅游。到西班牙的第二年，她跑巴黎、慕尼黑、罗马、阿姆斯特丹。她没有向家里要一分钱的旅费。她说："很简单，吃白面包、喝自来水，够活！"

三毛的性格有了改变。在马德里，她住在天主教修女办的宿舍"书院"里。起初几个月，三毛遵守父母临行前"吃亏是福"的教诲，在宿舍里温顺有加，像个勤杂丫头。后来三毛越来越感到，那些女孩子得寸进尺，一天比一天猖獗。吃亏真的是福吗？

一个冬天的晚上，三毛因一件事蒙受了冤枉，火气一下子蹿了起来。三毛操起扫帚冲向人堆里猛劈猛打。女孩子们被打得尖叫乱跑。

有人试图上来抱住她，她挣扎着，抽了一个女孩子的耳光，又朝另一个女孩的胸部狂踢，还举起花瓶向院长身上扔过去。活脱脱一副《水浒传》中孙二娘的形象！

十年前，那位默默忍受数学老师侮辱的苍白少女三毛，一去不复返了。

一年后，三毛中断了和梁光明的通信。西班牙，真的像三毛最初想象的那样，治愈了她的爱情创伤。

初识荷西

三毛生命中的男人出现了。

荷西，名叫 José María Quero Y Ruíz，三毛把他的名字译为：荷西·马利安·葛罗。荷西生于 1949 年。按中国的属相，属牛。家中八个兄弟姐妹，荷西行七。上有两哥四姐，下有一个妹妹。二哥叫夏米叶，妹妹叫伊丝帖（2019 年 6 月，时隔 40 多年，三毛大姐陈田心、弟弟陈杰等家人来到马德里与荷西家人见面）。

荷西一家都是天主教徒。荷西和三毛相似，都在娘肚子里，接受了父母的宗教。荷西不是那种成绩优秀的学生。从小学到高中，成绩册上每年都有不及格的记录。他不是一个用功的学生。

这个缺少爱的男孩，十三岁就开始梦想爱情。三毛在十三岁的时候，渴望嫁给西班牙的伟大画家毕加索。而荷西的愿望却很普通，他在十三岁生日的晚上，许愿要娶一个日本姑娘做妻子。黑头发黑眼睛的东方少女，爱情使这位西班牙少年想入非非。

三毛到西班牙不久，就迎来了圣诞节。这是天主教徒和基督教徒共同的节日。

三毛在一位中国朋友家里过节。午夜时分，朋友邻居们互祝干杯，楼上跑下来一个祝平安的男孩。他就是荷西。三毛对荷西的第一印象："我第一次看见他时，触电了一般，心想，世界上怎么会有这么英俊的男孩子？如果有一天可以作为他的妻子，在虚荣心，也该是一种满足了。"

然而，三毛"触电"过后，也就罢了。

但荷西却不能罢了。他一见钟情，爱上了这位黑头发黑眼睛的东方姑娘。那一年，荷西还不到十八岁，一个高中三年级的学生。

荷西的心中，燃烧着爱情。本来就不太用功的他，再无心学业。他开始逃学。每天最后两节课，他总是溜出校门，跑去找三毛。

荷西逃学逃出了风头，第二天、第三天、第四天。宿舍里天天都能听到"表弟来啰，表弟来啰"的叫声。"表弟"在西班牙文里有调侃嘲弄的意思。

三毛感到有点不对劲了，不能再让这个男孩子单恋下去了。

炽热的爱情，使年轻的荷西失去了耐心。他开始向三毛求婚。他的愿望是，拥有一幢小小的公寓，他在外面挣钱，让太太在家里，做饭给他吃。荷西的计划很美满：他恳求三毛等他六年，四年大学，两年兵役。之后就把她娶过来。

三毛下了狠心，决定分手。三毛跟他说："荷西，你才十八岁，我比你大得多，希望你不要再做这个梦了，从今天起，不要再来找我。因为六年的时间实在太长了，我不知道我会去哪里，我不会等你六年。你要听我的话，不可以来缠我。"

"好吧！我不会再来缠你，你也不要把我当作一个小孩子，你说我不要再来缠你了，我心里也想过，除非你自己愿意，我永远不会来缠你。"

他开始慢慢地跑起来，一面跑一面回头，脸上还挂着笑，口中喊说："Echo，再见！Echo，再见！"

荷西重诺，没有再来缠三毛。

在德国歌德学院

三毛在马德里大学毕业在即，决定去德国，在那里继续学习。

为了筹集旅费，她找了一份导游的工作。她导游的地区是一座风景如画的海岛——马约卡岛。法国女作家乔治·桑和波兰钢琴诗人肖邦，曾在这里度过一段浪漫的生活。三毛像一位地道的本地人一样，带着一批批远方的客人，在旖旎的风光中仙游。

三个月后，她飞到了西柏林。

凭着马德里大学文哲学院的结业证书，三毛申请到西柏林自由大学哲学系读书。在黑格尔、康德、尼采的故乡学习哲学，对三毛来说也是颇为得意的事。

三毛有语言天赋，又肯下功夫，当然会有回报。三个月后，她以最优生获得初级班结业证书。一个德语水平等于零的中国姑娘，三个月取得了这么大的进步！三毛给歌德学院留下了一份光荣的记录。老师十分欣慰，最优生本人更是喜不自禁，飞报台北的父母。

就这样，在歌德学院拼了一年，她获得歌德语文学院毕业证书，同时，取得德语教师资格。

在美国伊利诺斯大学

1971 年，三毛在美国芝加哥城的伊利诺斯大学，申请到一个主修陶瓷的学习机会。

经过西柏林的十天打工生活，三毛渐渐开始珍惜金钱，懂得父亲伏案工作换来的供给得之不易。她到美国的第一件事，是找一个工作，以减轻对父亲的歉疚。

一个月后，她找到了工作，在伊利诺斯大学法律系图书馆，负责英、美、法各国书籍的分类。工作不错，轻松愉快。

三毛在欧洲见了不少世面，但是，美国，还是让她大开眼界。

到美国的第一个住处，是一幢木造的平房。三毛与两个美国大学一年级的女学生分住。

三毛第一天到那里，已是深夜。第二天清晨，三毛起来。开门望去，夜间的聚会完毕了。一大群如尸体似的男女，交抱着沉沉睡去，烟雾里，那个客厅像极了一个丢弃的战场，惨不忍睹。

三毛骨子里头淑女的东西不能算少，充其量，不过多了点西班牙的豪放、浪漫而已。三毛消受不了这种惊心动魄的刺激，只好下决心择邻而处。一个月之后，她搬到了一个小型的学生宿舍。

三毛消受不了的东西，还多得很。

有一对美国中年夫妇，无儿无女。他们喜欢三毛，疼爱得如同己出。他们想收三毛为干女儿。这意味着百万家财，将属于三毛！做女儿的条件呢，很简单，只有一条，就是二老在世的时候暂不嫁出去。

老夫妇万万没料到，这下子得罪了三毛。三毛没有钱，珍惜金钱。可是她却更珍惜自己的青春和自尊。三毛当即回绝，走出了那座大洋房。

三毛回到台北

1971 年，三毛二十八岁，在美国她回绝了一位来自中国台湾化学博士的求爱，三毛回到了她阔别的故乡——台北。爱女自远方归来，陈嗣庆夫妇欢天喜地。

五年前，为了躲避爱情的痛苦，出走远方。那时候，由于英文程度不过关，险些没有走成。这回归来的她，不仅英文没问题，西班牙文流利，还取得了德文教师的资格。

回到台北，她当上了德语老师。虽然在台北时间并不长，约莫一年时光，她却辗转了好几所学校。母校文化学院，还有政工干校等，都留下了三毛教学的影子。

情伤：德国男友猝死

在台北的网球场上，三毛结识了一位四十五岁的德国男朋友，他在台北的一所大学教书。他们很合得来，三毛把爱情献给了那位温柔的中年人。

德国教师是一个正派人，年过不惑，很有修养，他懂得爱情。一天，他在星空下问三毛：我们结婚好吗？三毛回答：好。

两人一起，去重庆南路选名片。这对情侣把两个名字排在一起。一面德文，一面中文。还精心选了薄木片的质地。三毛沉醉在无限恋情之中。她想她的爱情有了归宿。

万万没有想到，印了名片的那个晚上，未婚夫因心脏病发作，猝死在三毛面前。

一幕人间惨剧！

即将做新娘的三毛，痛不欲生。在一个朋友家里，她吞了大量安眠药。万念俱灰，只求一死。

三毛被抢救过来。

对三毛来说，台北是一个不祥之地：十三岁受老师羞辱，七年悲苦的自闭生活，苦涩的单恋，梁光明、德国教师，爱情上屡屡受挫。

美丽如画的台湾岛呵，情也真，梦也切。三毛的欢乐、幸福、自由和爱情，不属于红尘台北。

她又想起了西班牙。那里的天空像海一般的蔚蓝，那里的情歌像夜莺一般撩人，那里的男人像希腊神话中的海神。她决定再次离开故乡，去西班牙——那个曾经治愈了她爱情创伤的地方。

在台北，为了给一个朋友筹集旅费，三毛曾急就歌词九首，以很便宜的稿酬卖出。其中一首是《橄榄树》。由李泰祥谱曲，成为台湾电影《欢颜》的主题曲，风行东南亚，经久不衰。

写了歌词不久，她就去了西班牙。在又一次浪迹天涯的时候，她不知道她的歌传遍了故乡的街市和乡村。

重回马德里

三毛回到马德里，过起都市单身女孩的生活，她找了一份小学教师的工作，一周授课四小时的英文，薪水不高，每月只相当四千元台币。

除教书上课，三毛的业余生活安排得非常丰富：看电影，借邻居的狗散步，跟朋友去学生区唱歌喝葡萄酒。电影看腻了，就去听歌剧。最令人销魂的，是马德里的冬夜。三毛跟着一大群快乐的年轻朋友，在旧城区的小酒店里唱歌、跳舞、喝红酒。三毛乌黑的长发，

马德里时的三毛

光滑地披在肩上，两颊红晕，明眸闪亮，笑声盈盈。青春，是多么美丽和醉人。

见到大胡子荷西

三毛在马德里，纵情享受人生。她不知道深爱着她的荷西，正在军营里，即将服完兵役。

三毛无意去见那个大胡子的希腊海神，何况德国教师的遗容，刚刚淡去不久。

但荷西的妹妹伊丝帖，当上了哥哥的红娘。她缠着三毛，千方百计地央求她给荷西写信。三毛推辞不过，找了一个理由：我已经不会西班牙文了，怎么写呢？聪明的伊丝帖将计就计，代写信封，强迫三毛写信的内容。三毛无奈，用英文写了一行字：荷西！我回来了，我是Echo，我在××（地址）。

这封信到了军营。荷西见三毛来信，大喜。但他不懂英文，情急之下，荷西想了一个回信的好办法。他剪下了许多漫画，精心地贴在信纸上，并用笔勾出一个漫画小人，注明那就是他，荷西。

荷西，这位痴情的西班牙汉子，分别六年之后，终于又见到了他心爱的姑娘——三毛。

三毛情定荷西

荷西一如既往地追求着他钟爱的三毛。

六年后的荷西，再也不是那个捏着法国帽、不敢进会客室的中学生了。他长成了大汉，爱潜水，爱航海，有自己的生活见地。

他们的感情急剧升温。

一天，荷西邀请她到他家里去。走进他的卧室，三毛发现整面的墙上都贴满了她的黑白照片。正是黄昏，照片被罩在金黄的夕阳里，有种说不出的温柔情调。

三毛从来没有和荷西通信，更没有寄过照片给他。荷西说，这些照片是他从三毛的那个中国朋友家里偷来的："你常常寄照片来，他们看过了就把它摆在纸盒里，我去他们家玩的时候，就把照片偷来，拿到相馆做底板放大，再把原来的照片偷偷地放回朋友的盒子里。"

墙上的照片已经发黄，她明白，这些照片已经伴随着荷西很多年了。一瞬间，一股温暖的激情攫取了三毛的心灵。她转身问荷西："你是不是还想结婚？你不是说六年吗？我现在站在你面前了。"

三毛突然忍不住哭了起来，又说：“还是不要好了，不要了。”荷西忙问：“为什么？怎么不要？”那时三毛的新愁旧爱突然涌了出来，三毛对荷西说：“你那时为什么不要我？如果那时你坚持要我的话，我还是一个好好的人，今天回来，心已碎了。”荷西说：“碎的心，可以用胶水把它粘起来。”三毛说：“粘过的心，还是有缝的。”荷西就把三毛的手拉向他的胸口说：“这边还有一颗，是黄金做的。把你那颗拿过来，我们交换一下吧！”

三毛和荷西换了心。

撒哈拉沙漠：前世乡愁

三毛说，荷西的名字应该译为“和曦”，祥和的和，晨曦的曦，因为他就是那样一个人。可是荷西和三毛一个脾气，不爱用笔画复杂的名字。他觉得“曦”字实在太难写了。三毛没法，只好迁就，叫他“荷西”。

荷西在他的祖国，是一位没有名气的工程师。但是，在他妻子的故乡中国却家喻户晓，是三毛众多文学作品中的男主人公，而且是一个诚实纯朴的男子汉。

荷西不懂中文。在三毛成为作家后，他经常极为骄傲地对别人说，他的妻子是一位了不起的作家。但是，他读不懂她的作品，也不知道妻子在作品中写了他些什么。

三毛不急于结婚。她还有一个浪漫的愿望没有实现。

有一年，三毛无意间翻了一本美国的《国家地理》杂志，有一篇文章，介绍与西班牙只有一水之隔的撒哈拉沙漠，触动了三毛：“我只看了一遍，我不能解释的，属于前世回忆似的乡愁，就莫名其妙，毫无保留地交给了那一片陌生的大地。"

她想成为第一个横穿撒哈拉沙漠的女探险家。

荷西也有一个浪漫的属于海洋的愿望。他从朋友那里借来一条帆船，他要到地中海航行一个夏天。他的目的地，是希腊海神的故乡——爱琴海。荷西远航爱琴海，当然舍不下三毛。沙漠和海洋，三毛都不想放弃。

权衡再三，前世乡愁，深于海洋。三毛选择了撒哈拉。她把这个选择告诉了荷西。

荷西也面临选择。

荷西选择了三毛。他不声不响地申请到一份去撒哈拉沙漠的工作。他悄悄地打起行李，比三毛早到了那里。那是 1974 年 2 月。

位于地中海之南、非洲北部的撒哈拉沙漠，是世界上面积最大的沙漠，总面积 900 万平方千米。1975 年以前，撒哈拉沙漠的西部还是西班牙的殖民地，占地 26.6 万平方千米，北靠摩洛哥，东临阿尔及利亚，南与毛里塔尼亚接壤，西面，则是一望无际的大西洋。

在西属撒哈拉，大约有七万人，生活在这片终年无雨、黄沙漫漫的土地上。主要居民是阿拉伯人，还有北非的回教土人，以及少量的西班牙白人。

荷西来到西属撒哈拉的首府——阿尤恩。在城外的一家磷矿公司工作，住公司的单身宿舍。

沙漠婚礼

三毛来到撒哈拉。下飞机的时候正是撒哈拉沙漠的黄昏。

落日将撒哈拉染成了一片红色。无际的黄沙上，寂寥的大风呜

与荷西结婚

咽地吹过。天，是高的；地，是沉厚雄壮而安静的。

分别的三个月，荷西着实吃了大苦。三毛一阵阵难过。

跟着荷西到新家。安顿下来后，荷西急着结婚，拉着三毛奔法院，办结婚手续。这里的法院还是破天荒头一遭——没有白人在这里结婚，而本地人结婚是不找法院的。

结婚需要很多文件：出生证明、单身证明、居留证明、法院公告证明。三毛作为中国台湾的新娘麻烦还要多一些，证明文件由中国台湾出具后，还须由中国台湾驻葡萄牙公使馆翻译，转西班牙驻葡领事馆公证，再经西班牙外交部转到西属撒哈拉审核，核准后公

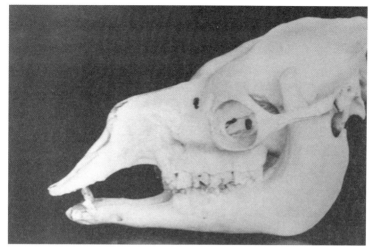

结婚礼物

告半月，然后送马德里户籍所在地法院公告。这么多的马拉松式的文件旅行，至少需两三个月时间。

三毛对文件旅行一向头疼。问荷西，是不是不办结婚了？荷西摇头，他结婚的决心坚如磐石。

三毛没法，只好一边等待结婚，一边探秘撒哈拉。

沙漠的七月，天烧似火。

一天上午，法院突然通知三毛：文件旅行结束，明天下午六点，到法院举行结婚仪式。

公告已经发出。三毛让人赶紧通知荷西，第二天下午结婚。结婚的经过，三毛有精彩的回忆：

> 第二天下午五点半，荷西来敲门，我正在睡午觉，他进门就大叫："快起来，我有东西送给你！"
>
> 我赶紧打开盒子，撕掉乱七八糟包着的废纸。哗！露出

两只骷髅的眼睛来。原来是一副骆驼的头骨，惨白的骨头很完整地合在一起，一大排牙齿正龇牙咧嘴地对着我，眼睛是两个大黑洞。

我太兴奋了。这个东西真是送到我心里去了。荷西不愧是我的知音。"哪里搞来的？"我问他。

"去找的啊！沙漠里快走死了，找到一副完整的，我知道你会喜欢。"他很得意。这真是最好的结婚礼物。

他们没有车，只好走着去法院。

很快，婚礼开始。

"我们坐定了，秘书先生开始讲话：'三毛，你愿意做荷西的妻子吗？'法官问我。我知道应该回答——是。不晓得怎么的却回答了——好！法官笑起来，又问荷西，他大声说'是'。最后法官突然说：'好了，你们结婚了，恭喜恭喜。'"

仪式结束。回来的路上，荷西建议，到沙漠最豪华的国家旅馆住一夜。

人生结婚一次，难得挥霍一下。三毛摇头，她不愿意挥霍，一个劲地拉新郎回家。

推开家门，一个精致的大蛋糕在那里静静地等着他们。是荷西的同事们送的。蛋糕上写着：新婚快乐。

关于三毛与荷西结婚的具体时间，多数文章里写的是 1973 年 7 月。经台湾三毛研究专家陈宪仁考证，应是 1974 年 7 月。

撒哈拉沙漠：白手成家

三毛到撒哈拉沙漠来，亲友中没有一个不摇头的。只有父亲陈

嗣庆支持她。他给女儿寄去了一笔不小的生活费。

　　荷西的自尊心很强，坚持兑现求婚时的诺言。他要求三毛把那笔钱存进银行。从自己的口袋里，掏出这两个月挣来的钱交给三毛。

　　荷西租的房子，坐落在阿尤恩阿雍镇坟场区金河大道上，没有门牌，每月租金一万西币。这对荷西——一个刚找到工作的一级职员来说，是笔不小的数目。

　　刚到沙漠的三毛是被她的爱人抱进新房的。荷西一本正经地说："我们的第一个家，我抱你进去，从今以后你就是我的太太了。"

　　三毛用荷西的钱，买了一个小冰箱，一个煤气炉，一条毯子。

　　有些东西不得不置办起来：粗草席、一口锅、四个盘子、叉匙、扫把、刷子、衣夹、肥皂、油米糖醋。沙漠的东西贵得惊人，荷西的一沓钞票已经所剩无几了。

　　荷西拼命地工作和加班，为结婚成家多赚一点钱。荷西的公司离坟场区一百多千米。他只能在星期五回来看一看他的三毛。他住到星期日的晚上，然后坐公共汽车回公司。

两心相悦

他们的蜜月旅行开始了。全部的浪漫时光，通通都交给了茫茫的大沙漠。

旅行归来，两人疲劳不堪。荷西仍然不愿意休息。他利用最后一个星期日，把家里家外粉刷一新。美丽整洁的小白屋在阿拉伯居民区，真是鹤立鸡群。

三毛自十三岁，就大做艺术家的梦。学画没成画家。来到沙漠之后，她便把"天赋"用在家的精心设计上。

三毛费尽了心机，从四处搜集来装饰品。在三毛的眼里，家，成了一座真正的艺术宫殿。荷西自然是满口叫绝。

一位外国记者偶然来到三毛家。一进门他就惊讶地嚷起来："天呀！我们是在撒哈拉吗？天呀！天呀！"叫完"天呀"，他就毫不客气地说，他看中了这座艺术宫里的一件工艺品——石像，很想买回去作为纪念。三毛对他的"天呀！天呀！"满意极了，慷慨地免费相送，算是奖赏。

一个西班牙建筑师慕名而来。他不像那位记者一惊一乍的。他参观得很仔细，还拍了大量的室内设计照片。建筑师对三毛说，他是受西班牙政府的委托，来给沙漠建造一大批新住房的。三毛的家是沙漠未来民居的蓝图之一。

三毛完全陶醉了。

在撒哈拉，荷西是三毛唯一的感情依托。

"有时候荷西赶夜间交通车回工地，我等他将门咔嗒一声带上时，就没有理性地流下泪来，我冲上天台去看，还看见他的身影，我就又冲下去追他。我跑得气也喘不过来，赶上了他，一面喘气一面跟他走。"

"'你留下来行不行？求求你。'荷西总是很难过，如果我在他走时又追出去，他眼圈就红了。"

"他将我用力抱一下，就将我往家的方向推。我一面慢慢跑步回去，一面又回头去看，荷西也在远远的星空下向我挥手。"三毛如是说。

结婚以后，小两口苦干成家。看到荷西在炎日下，默默地拉锯和劈斧，三毛觉得他真像一尊力神。他们一起攒钱，买收音机、电视机、洗衣机、汽车。尽情享受着爱情的欢乐。

邻居有一个长得非常美的少女，叫蜜娜。蜜娜喜欢上了荷西。只要荷西在家，她就会打扮得很清洁很花哨地来三毛家坐着。还找各种理由，让荷西去她家里。

按照当地的风俗，一个男子可以娶四个妻子。三毛看出了蜜娜的目的。但她实在不愿意和蜜娜共享一个丈夫。

一天，他们正在吃饭，蜜娜在窗外唤荷西。荷西听见，放下叉子就想站起来。三毛见状，大喝一声："不许去，继续吃饭。"蜜娜不走，在窗前默默地站着。荷西不忍，看了窗户一眼，三毛又厉声道："不要再看了，当她是海市蜃楼。"荷西不敢再看。

撒哈拉威人

三毛对旅行的爱好，保持了终生。她一生到过五十多个国家。

三毛自称"万水千山走遍"，不是虚言。

三毛旅行，除了游山玩水，更多地把兴趣放在观察民情民俗上。三毛说，她"喜欢人"。

在撒哈拉，她喜欢那里的土著居民——撒哈拉威人。

三毛到沙漠来的想法之一，就是想用照相机，拍下那些极荒僻地区游牧民族的生活状态。

三毛对什么都好奇。沙漠人走路、吃饭、服装、手势、婚姻、宗教信仰。

在文明发达的地方，照相对于人，尤其是女人，是一件很开心的事。但是，身拖蓝袍、终年住在帐篷里的撒哈拉威人，却很害怕照相机，把它看作是某种收魂的邪器。

有一天，三毛走进一个家庭里，拍几个很有沙漠味的年轻女人。突然，一个男人闯了进来。他是她们的丈夫。那男人认为，三毛收走了他妻子们的灵魂，追着三毛咒骂，要把她的相机砸掉。三毛害怕，只好把相机打开，拿曝了光的白色胶片给那男人看，说明里面空空如也，并没有他妻子们的灵魂。

中了撒哈拉威人法术

三毛在沙漠里闯祸，不是每一次都能逢凶化吉的。她也有吃大亏的时候。

1974 年夏的一天，三毛发现家门前有一条奇怪的项链：一条麻绳，穿着一个小布包、一个心形果核和一块铜片。

拾荒成癖的三毛，如获至宝，把它捡回家又是洗，又是擦，希望还能化腐朽为神奇。

然而，那铜片所触之处，出现的种种"神奇"，却让三毛有些吃不消。

刹车失灵，车技熟练的荷西，险些让大卡车撞翻了车；车门蹊跷，把三毛的两根手指夹得鲜血直流；咖啡壶浇灭了火苗，两口子差一点煤气中毒。更要命的是三毛所有的病症，在一天之内并发：过敏性鼻炎，鼻血喷涌如泉；头晕，眼前冒金星，天旋地转，犹如世界末日来临一般；胃痛；最糟糕的是下体出血，三毛一躺下，就觉得下体好似啪一下被撞开了，血像泉水一样冲出来。

沙漠医院用尽了各种办法救治，也无济于事。只好把她送了回来，嘱咐她好好静养。三毛病得很严重。

最后是邻居发现了病因：是项链，那是撒哈拉威人最恶毒的符咒！邻居请来了当地长老——山栋。山栋略施法术，镇住了那个铜片。三毛立即转危为安，那种种病痛像约好了似的，渐渐地都消失了。

这一次，三毛领教了撒哈拉威人的厉害。

在沙漠行医

荷西在公司里是一个职员，不是主管。他的薪水，住不起公司高级职员宿舍，只能把可爱的太太安排在镇外的平民区，和撒哈拉威人杂居合处。

好在三毛并不觉得委屈。三毛越活越像个撒哈拉威人。

她爱上了他们。吃骆驼肉，不再恶心。撒哈拉威人的体臭，也不那么难闻得可怕了。

她把邻居的女人们召集在一起，办学习班。教她们一些简单的算术，使她们会起码的数钱算账。

仗着胆子大、小聪明和久病成良医而悟出来的一点医道，她居然敢给当地人治病。荷西怕她闯祸，坚决反对。

三毛就在他上班以后义务行诊。令荷西意想不到的是，他聪明的太太竟然还靠给别人治病赢得了一点小名气。

邻居十岁的少女姑卡快要结婚了，大腿内却长了一个核桃大的疔子。当地人不愿去医院，就请三毛想办法。三毛眉头一皱，就有了主意。她从家里抓了些黄豆，捣碎磨细，敷在疔子上。没过几天，疔子就消肿了。

除了治病，她还爱管些别的闲事。给一个小伙子当过红娘，为人家传递书信。甚至要改造当地的一些习俗。

撒哈拉威贵族蓄奴，是一件正常的事情。三毛看不惯，愤愤地跑到法院抗议。还倾其所有，给了一个哑巴奴隶很多资助。

总之，除了丈夫不能给蜜娜以外，三毛确确实实尽了一个好邻居的种种美德。

她结交了不少撒哈拉威人朋友。其中包括邻居罕地和他的儿子巴新、女儿姑卡。

罕地为她识别毒咒，就是他请来了山栋施法救了三毛。巴新到沙漠里卖水，一路给三毛当翻译，扛照相器材。还有杂货店管店沙仑、财主的弟弟阿里。

生死之交的朋友，要算警察奥菲鲁阿及他的哥哥巴西里和嫂子沙伊达。巴西里是撒哈拉威游击队的领袖，沙伊达是三毛最欣赏的高雅脱俗的土著姑娘。这三个朋友，惨死在西属撒哈拉的民族战争中。那是 1975 年 10 月，三毛诀别撒哈拉沙漠的日子。

在沙漠，活出诗意

在沙漠里，她心境平静，安详，淡泊。苍白的三毛，变成了一个凡事有爱、有信、有望的女人。撒哈拉沙漠，是一块有魔力的地方。

经年不雨，黄沙漫漫的沙漠上，再也不见那位悲苦、忧郁、迷惘女子的影子。

她和荷西白手建成了一个家。爱情和家庭几乎成了她生活的全部。

没有职业竞争，没有学业压力。她的职业是煮饭。她的"沙漠中的饭店"颇受欢迎，丈夫和丈夫的同事、上司通通被她的烹饪所倾倒。

三毛也在这一时期成名，同时也成了千千万万少男少女的青春偶像。

成名撒哈拉

在撒哈拉沙漠，三毛重新开始文学创作。

使三毛兴奋不已的是，她寄到台北的文学作品，风靡一时，声誉鹊起。

在撒哈拉威人的心目中，她是一位来自东方的公主。给人教课、治病、写信种种资助。三毛对自身价值不再有任何怀疑。她获得了自信。

沙漠是她的乡愁，是她心灵的慰藉。

沙漠寂寞如死，乡愁一往情深。在沙漠的阳光下，三毛展露了万种风情。她的作品开始扬名世界，掀起撒哈拉旋风。

在沙漠里，她启用了一个新名字——三毛，作为笔名"三毛"

是一个非常普通的中国男孩子们常用的名字，"写稿的时候还不知道该用什么名字，文章写好后，就想，我不是十年前的我了，我不喜欢用一个文绉绉的笔名，我觉得那太做作，想了很多，想到自己只是一个小人物，干脆就叫三毛好了"。

后来，人们问她，为什么选这样一个怪笔名？她便把原来的动机幽默地发挥，说那是因为自己的作品只值三毛钱。

三毛对算卦一类的东西极感兴趣。但她自己不知道，"三毛"二字，藏着易经卦中"乾坤"二字。

"三毛"的名字，真的给她带来了新乾坤。

1974年5月，三毛在沙漠写的第一篇文章——《中国饭店》（后改名为《沙漠中的饭店》）。作品所写内容是很平常普通的生活，

撒哈拉的故事——使三毛名扬天下

写她给荷西煮饭的故事。尽管三毛对题目、内容都不满意，但文章在台湾《联合日报》发表后，她和丈夫还是欣喜若狂。

自《中国饭店》发表，三毛开始了她文学生涯的第二个时期——沙漠文学时期。按三毛的写作时间，这个时期可分为两个阶段。一个是撒哈拉创作阶段，一个是加纳利群岛创作阶段。

1976 年，《撒哈拉的故事》由台湾皇冠出版社出版。此后，该书不断再版，共出了四十多版。它是三毛的第一部文学集，也是她众多文集中再版次数最多的一本。

《撒哈拉的故事》风靡台湾文坛。它受到了广大读者，尤其是青年女性读者的热烈欢迎。从此，三毛成为台湾著名的女作家。

三毛成名了，为三毛操碎了心的母亲缪进兰，满怀喜悦地给女儿写信，告诉女儿她在台湾成名的情形："许多爱护你的前辈，关怀你的好友，最可爱的是你的读者朋友们，电话、信件纷纷而来，使人十分感动。在《白手成家》刊出后，进入最高潮，任何地方都能听到谈论三毛何许人也，我们以你为荣，也分享了你的快乐，这是你给父母一生中最大的安慰。"

三毛的沙漠文学改变了创作态度，从悲剧变成喜剧。《撒哈拉的故事》，每一篇都洋溢着健康、自信、乐观的思想情绪。

她不再对生活抱有敌意，她开始拥抱生活。《沙漠中的饭店》等十二篇作品，都是她平凡的家庭生活小故事。三毛，一个幸福的少妇，兴致勃勃地将可爱的生活故事娓娓道来。她讲故事的技巧，和故事中的真实、浪漫、洒脱，深深地打动了读者。

三毛塑造了一系列的人物形象。

在三毛的笔下，荷西诚实憨厚近乎笨拙，钟情痴心近乎愚顽。热情豪爽，粗犷浪漫，属于那种平野大汉型的男人。

广大读者对荷西的热爱，都来自三毛的文学作品。荷西是三毛眼里的最爱。三毛把她的一腔爱情融入作品，并且传染给了读者。荷西死后，许许多多的人为他哀悼。

尽管三毛的作品自传性很强，但不可否认，文学作品里的"三毛"，与作家本人，多少是有区别的。

两者真真假假，扑朔迷离，恐怕连作家本人也辨别不清。

三毛说过，无数的读者在来信里对我说："三毛，你是一个如此乐观的人，我不知道你怎么能这样凡事都愉快。"我想，我能答复我的读者的只有一点："我不是一个乐观的人。"

然而，三毛的文学形象，已经在千千万万的读者中留下了深刻的烙印。

《撒哈拉的故事》风靡文坛。三毛成了知名的畅销书作家。她被誉为照耀台北的"小太阳"。

撒哈拉 / 1973年，三毛与荷西于西属撒哈拉沙漠的沙漠小镇阿尤恩当地法院公证结婚。

三毛的撒哈拉

离开西属撒哈拉

1975 年 10 月 30 日，三毛乘飞机离开西属撒哈拉。从此，她没能再回到她眷恋的这片沙漠。

她在撒哈拉，一共生活了大约一年零八个月。

这次诀别沙漠，毋宁说是逃生。她是在战云密布的情况下，逃离沙漠的最后几名西班牙籍妇女之一（三毛是双重国籍）。

三毛在沙漠的最后日子，是在危机四伏的动荡中度过的。居住在撒哈拉的土著民族，一改往昔的散漫与悠闲，像风一样集中起来，利用种种斗争手段，力图摆脱西班牙殖民统治。

1975 年 10 月 17 日，海牙国际法庭作出判决：西属撒哈拉，由当地居民自决。西班牙放弃了这片沙漠。撒哈拉威人像庆祝盛大的节日一样，欢呼真主。

西班牙人纷纷撤离，女人更不安全。何况，三毛住在撒哈拉威人中间。

为了不成为累赘，她先荷西一步飞离沙漠。

撒哈拉沙漠是三毛最一往情深的地方。她说，这片土地是她的"前世乡愁"，是她"梦里的情人"，荷西对三毛的昵称是"我的撒哈拉之心"。

三毛在空中回眸沙漠，看着它越来越小的时候，万般难舍。

在大加纳利岛

三毛飞离撒哈拉，去往避难的地方，不是婆家马德里，也不是娘家台湾，而是西班牙在北非的另一块殖民地——大西洋中的大加纳利岛。大加纳利与撒哈拉，只有一水之隔。

荷西为了和公司一道撤离而留在沙漠。三毛到岛上十五天之后，他才来到岛上，和他的"撒哈拉之心"团聚。

等待丈夫的十五天，三毛度日如年："我每天抽三包烟，那是一种迫切的焦虑。夜间不能睡，不能吃。这样等了十五天，直到等到了荷西以后，身体忽然崩溃了。"

荷西热爱他的潜水工作。他们不回马德里，而是蛰居大加纳利岛，荷西的工作离不开海洋，这是主要原因。

在岛上找工作，很不容易。一个月后，荷西谋事无着，又风尘仆仆地奔回撒哈拉沙漠工作。此时，摩洛哥军队已经杀进沙漠，西属撒哈拉陷入战乱。

荷西冒死挣钱，三毛常担惊受怕。

神仙眷侣

> 等荷西辞了工回来，我们真的成了无业游民。我们每日
> 没有事做，过着神仙似悠闲的日子。
>
> ——三毛《士为知己者死》

这种苦难的心理压力，毕竟承受不了太久。1976 年初，三毛在岛上出了一场车祸，伤了脊椎，住进医院。刚涨了薪水的荷西，断然辞工回家，守在妻子的身边。

三毛出院后，宁愿饿死也不同意丈夫冒着战火到撒哈拉去工作。从此，他们面临着失业，以及失业带给他们的贫困日子。

坐落在大西洋的加纳利群岛，是西班牙海外的两个行省，共包

三毛的旅行包

括七个岛屿。这些岛屿有：拉歌美拉岛、拉芭玛岛、耶罗岛、富埃特文图拉岛、兰萨罗特岛和三毛居住的大加纳利岛等。

三毛这样评价大加纳利："正因为它在撒哈拉沙漠的正对面，这儿可说终年不雨，阳光普照，四季如春，没有什么明显的气候变化。一千五百三十二平方千米的面积，居住了近五十万的居民，如果拿候鸟似的来度冬的游客相比较，倒是游客比居民要多多了。"

要在岛上择地而居，三毛再三考虑，最后选定了离城二十多里的海边社区。这个远离繁华的社区，被称为"小瑞典"。岛上大多居住着来自北欧的退休老人。那些孤独的近乎隐居的人们，喜欢这里的荒僻，静静地在这里了却残生。三毛择居这块寂地，可见四年前酷爱荒漠的秉性并没有多少改变。

"小瑞典"是一片纯白色傍山建造的居民区。美丽的海滩，山坡对着蔚蓝色的海洋，坡上一幢幢西班牙式民居错落有致。三毛的家是一幢白色的平房，连着一个小花园。从窗口往外望，可以看见一艘艘轮船在海风中漂泊。

这样的花园别墅价钱非常昂贵。那时面临失业，他们的手头很紧，但还是狠了狠心，住进了这所风景如画的房子。

1976 年，是三毛一生中最贫困的一年。

先是年初的车祸，付了一笔巨额的医疗费。此后健康状况一直下滑。

三毛患有子宫内膜异位引起的卵巢瘤，常会"情绪性大出血"，屡屡发作不止。

荷西找不到工作，还有分期付款的房债，家庭经济陷入窘境。可叹那所美丽的别墅，它的主人不是王子和公主，却是一对整日为生计发愁的穷夫妻。夫妇俩节约开支。他们每天只吃一顿饭，从牙缝里省钱。三毛和荷西，饿得发慌。

三毛只得向台湾求援。她写了一封信给蒋经国，说荷西是中国女婿，想在台湾找一份工作，待遇不计。蒋经国回信道歉，称台湾暂无荷西合适的工作。

失业男人的心理焦急而不安。荷西曾许愿，赚钱养活家里的太太。现在他的太太每天只能吃上一顿饭。

荷西的好友米盖，依然冒着生命危险，去沙漠工作。但荷西不能。三毛宁愿饿死，也要一个活的荷西守在她的身边。

每天清晨，饥肠辘辘的小两口到海边去打鱼。荷西是个优良的潜水师，他给心爱的太太扔上来一条条大鱼。

他们的遣散费花完了。唯一的生活来源，就是三毛从遥远的故乡挣来的三三两两的稿费。他的逻辑是："要靠太太养活，不如自杀。"三毛拼命写稿，每次稿费寄来，荷西就会很难过，不愿意将稿费用在房租和伙食上。

三毛糟糕的身体，在每天只能吃上一顿饭，心中又万分焦急的情况下，一天天地恶化。

三毛打算回台湾去。一方面是为了治病（西班牙医生对她的妇科病简直束手无策）；另一方面，也是为了少一张嘴吃饭，减少丈夫的负担。

为了省钱，她买的是平价优待的渔民机票。荷西为什么没有和她一道走？三毛解释说，那是因为他们的存款只够买一张半价机票。

其实，即便他们能买得起两张，荷西也不会在这个时候，到台湾向岳父讨饭吃。

三毛回到台湾

1976年，三毛三十四岁。这年六月，三毛回台湾探亲。

四年前，她离开台湾的时候，不过是一个默默无闻、伤痕累累的外语教师。如今，她已经名满台湾。她的《撒哈拉的故事》，倾倒了千千万万的读者。三毛的名字，家喻户晓。扑面而来的，是数不清的鲜花。

一批又一批的记者采访，应接不暇的读者签名，没完没了的饭局。

三毛这次回来的另一个大收获，是台北朱士宗医师，用六十粒中药丸，治好了她的下体出血，身体逐渐好转。

失业在家的荷西无限地寂寞和忧虑。他不断地给台北写信，催促他的太太回家。陈嗣庆夫妇知书达礼，也劝女儿赶紧回去。三毛享尽了鲜花、盛席、亲情，也觉得该回大加纳利岛丈夫身边去了。

三毛剪影

返回加纳利群岛

1976 年 8 月。三毛返回加纳利群岛。

荷西是一个血性汉子，失业的苦可谓受够。他不顾苛刻条件，与一家规模很小的德国潜水公司签订合同，于 1977 年 1 月，赶赴尼日利亚工作。

这个公司只有四个人。两个老板，干活的就是荷西和另一个工程师。荷西憋了一年的挣钱欲望，在那艰苦的热带，玩命工作。有时加班十几个小时，三个月瘦了近二十斤。

公司的老板不是一个正派人。忠厚老实的荷西只是在大公司当规矩职员，拿上一份死薪水的材料，遇上这种自私、卑鄙的老板，便不知如何对付。老板的手段狠毒，不仅扣住他们的薪水不发，还扣下了他们的护照。荷西的对策是拼命干活，以期老板的良心发现。

远在大加纳利岛的三毛，忍不下这口气。她两次飞到尼日利亚与老板撕开脸皮，唇枪舌剑，索要丈夫的薪水，仅要来几千美金，只是荷西应得的报酬中很小的一部分。

在荷西到北非流血流汗、舍命挣钱的日子里，三毛在他们那座花园别墅里，日日伏案，辛苦写作。她的集子一本本出版，稿费源源不断而来，加上荷西挣来的钱，日子总算有了起色。除了吃饭，还可以到葡萄牙风景区马德拉等地旅游一番。

贫困得饿得发慌的日子总算过去了。

丹娜丽芙岛

> 那时，住在大西洋中一个美丽的海岛上，叫作丹娜丽芙。
>
> ——三毛《小船 Echo 号》

到了 1977 年底，荷西否极泰来，运气渐渐地好了起来。他在附近的丹娜丽芙岛上，找到了一份工作。

荷西的脸上有了笑容。这份工作不仅使他有了安定的收入，而且工作本身也很称心。他的劳动是营造"海边景观工程"，凭空做出一片人造海滩，作为旅游景点。这是一份颇有诗意的工作，很对荷西的口味。

丹娜丽芙离大加纳利不远。三毛从卡特林纳码头搭渡轮，只需四个小时，就可以来到丈夫的身边。

尽管这样，如胶似漆的夫妻俩还是忍受不了分离之苦。他们宁愿空着那所海边别墅，在丹娜丽芙又建了一个小家。

锁上大加纳利风景优美的房间，在丹娜丽芙又付一份昂贵的房租。经过一年艰苦患难，夫妻俩的感情又进了一步。在那大西洋的海边，三毛和她深爱的丈夫沉浸在爱情乡里，成了一对神仙眷侣。

生活安宁下来了，到丹娜丽芙那一阵子，三毛的生活不是文学创作，而是画画。

三毛闲来客串画家绘画。她在海边捡来鹅卵石，画石头。

三毛说，绘画是她一生一世的爱。即使是画石头这一类小玩意儿，她居然也像米开朗基罗画《创世纪》那样，疯狂投入。"除了不得已的家事和出门，所有的时间都交给了石头，不吃不睡不说话，这无比的快乐，只有痴心专情的人才能了解。"三毛如此通宵达旦地画石，有几个月的时间。

荷西读不懂三毛的文学，但能读懂她的画。

三毛从几百幅石画里，精选出最得意的十一幅，作为家宝，珍藏了起来。

与她历次学画一样，这次绘画活动，依然以悲剧告终。长时间不分昼夜地疯狂绘画，拖垮了本来就谈不上健康的身体。三毛只得搁下了画笔，到阳台的躺椅上，晒着海边的太阳。那十一块宝贝石头的命运，比三毛本人更惨。一天，它们被女工马利亚当作一堆废物，扔进了垃圾车，三毛呼天抢地也追不回来了。

噩梦 1979

1978 年岁末，荷西在丹娜丽芙，已经工作了一年。这是愉快的一年。他的充满诗意的工作，大功告成。

三毛坐在完工的大堤旁，偎依在丈夫的怀里。海滨景观，如诗如画。她陶醉在丈夫的成就之中。

一朵朵缤纷的焰火在漆黑的天空里怒放。子夜的钟声敲响了，荷西揽着妻子，孩子一般兴奋："快许十二个愿望，心里跟着钟声说。"

三毛仰望如梦如幻的焰火，重复着十二句同样的话："但愿人长久，但愿人长久，但愿人长久，但愿人长久——"

钟声响过。三毛细细一琢磨，觉得有些不妙。许愿的下一句"千里共婵娟"，对她和荷西，似乎不是一个吉利的兆头。这意味着什么？难道是分离吗？三毛是个相信命运的人。她心里有些颤抖。

"你许了什么愿？"三毛很轻地问荷西。她想验证一下丈夫的愿望，是否与她的相合。

"不能说出来的，说了就不灵了。"荷西答。

三毛忽然勾住丈夫的脖子，恋恋地不肯放手。荷西怕她受凉，将三毛卷进他的大夹克里去。三毛看着他，他的眸光炯炯如星，里面反映着她的脸。

良久，荷西拍了拍她的背，说："好啦！回去装行李，明天清早回家去啰！"

1979年新年，三毛回到了大加纳利海边社区。

拉芭玛岛

一天上午，三毛在院子里浇花，突然有人喊："Echo，一封荷西的电报。"

三毛的平静被搅乱了。她匆匆跑过去，心里扑扑地乱跳起来。她总担心会出什么意外的事情。

是份喜电。荷西又有了新的工作。电报催得很急，要他火速去拉芭玛岛报到。对于拉芭玛，三毛并不陌生。一年前，她和荷西到那里旅游观光。它是大加纳利群岛中最绿最美也最肥沃的岛屿。

丈夫就要到那个巫风很盛的岛上工作去了。三毛不知道这将意味着什么。

荷西报到一周后，三毛来到拉芭玛岛。"这个岛不对劲！"三毛闷闷地说。

荷西是个平野大汉，哪里晓得太太的神经兮兮。他不答话只顾走。

或许是两年前那个来历不明的女巫的闪电袭击，留下了太深的可怖的记忆。三毛住在丈夫订下的旅馆里，夜复一夜地重复着一个奇怪的梦。

直到荷西死后，这个梦还常常在漆黑的夜里缠着三毛。她始终认为，这是一个充满死亡信号的梦。

对于这个死亡噩梦，三毛有详细的记录："我仿佛又突然置身在那座空旷的大厦里，我一在那儿，惊惶的感觉便无可名状地淹了上来，没有什么东西要害我，可是那无边无际的惧怕，却是渗透到皮肤里，几乎彻骨。……亲人已经远了，他们的脸是平平的一片，没有五官，一片片白蒙蒙的脸……我发觉自己孤零零的在一个火车站的门口，一眨眼，我已进去了，站在月台上，那儿挂着明显的阿拉伯字——6号。"

每当噩梦中醒来，三毛总是彻骨恐惧，冷汗遍身。三毛是个相信灵异世界和命运征兆一类说法的人。

她判定：这是死神的通知来了。她将离开人世，和荷西诀别。于是，她悄悄地找到法院公证处立下遗嘱，为心爱的丈夫安排好了她死后的一切。

她没有把这个死亡秘密，告诉荷西。

拉芭玛岛，是一座巫风很盛的岛。相信灵术的三毛，来到这里便中了魔。她接受了噩梦的启示：拉芭玛是一个死亡之岛。

三毛感到来日无多，留恋着她和荷西在一起的每一寸时光。

荷西好像也通了妻子的灵性，越发珍惜幸福的日子。有时，岸上的机器坏了，哪怕只有一两个小时，荷西也不肯让时间浪费。他不怕麻烦地脱掉潜水衣，往家里跑。倘若三毛不在，他就一个店铺一个店铺地去找。

一次，三毛身体不好，没有去送点心。荷西急急地开了车，穿着潜水衣赶到家里。

他趴在妻子的床边，看着她的病容难过。三毛不忍，想起了噩梦征兆，便把心中的预感告诉了丈夫。

"荷西——"她说，"要是我死了，你一定答应我再娶温柔些的女孩子，听见没有？"

荷西半开玩笑地说："你最近不正常，不跟你讲话，要是你死了，我一把火把家烧掉，然后上船去漂到老死——"

一天，台湾《读书人》杂志寄来一封信，向三毛约稿。题目已定：《假如你只有三个月可活，你要怎么办？》。

这种标新立异的文章题目，三毛见多不怪，随意把这件事告诉了荷西。不料荷西认真起来，他很想知道妻子在临死前，打算做些什么，反复问三毛写不写这篇文章。

三毛正在揉面，准备包饺子，被荷西追问得烦了。她用沾满面糊的手，摸摸丈夫的头发，说："傻子啊！我不肯死，因为我还要替你做饺子。"说完，继续揉她的面。

荷西听了，发神经似的，突然将手绕着妻子的腰，不肯放开。三毛急了，骂了一句"你这个人怎么这么讨厌"。话只说了一半，猛回头，看见丈夫的眼睛，充满了泪水。

荷西含着泪，恳求三毛不要理睬《读书人》杂志。

他的想法是："要到你很老，我也很老，两个人都走不动也扶不动了，穿上干干净净的衣服，一齐躺在床上，闭上眼睛说：好吧！一起去吧！"他憧憬那一天。

三毛真的没有理睬《读书人》。

后来，被三毛冷淡的还不仅仅是《读书人》一家。她在写散文《永远的玛丽亚》的时候，发现荷西添了一个毛病——不拉着妻子的手，就睡不着觉。每当三毛熬夜写作，荷西总是通宵不眠。丈夫的工作具有危险性，于是，三毛不但停止熬夜，而且就此搁笔。

有十个月，三毛没有写作。

父母到来

意外的事件，发生在 1979 年秋。

那一阵子，三毛忙于迎接台湾的父母来欧洲旅行。她丝毫没有感觉到祸兆来临。

陈嗣庆夫妇这一回远足欧洲。一是看望远方的女儿女婿；二来也阅览一路的名迹胜景。

三毛将父母到来视为头等大事，她早早地就准备起来。甚至连荷西如何称呼岳父母大人，都一一安排周全。

按照西班牙习俗，称呼公婆和岳父母，都直呼某某先生或某某太太。可是三毛不肯，执意要丈夫按中国的习惯，称呼爸爸和妈妈。

三毛先是到马德里迎接父母。游览一番后，即飞到拉芭玛岛来。

尽管荷西的名字在台湾几乎无人不晓，但陈嗣庆夫妇，还是头一回看到他们的半子。他们的相处很融洽。荷西不仅按照妻子的要求，喊爸爸、妈妈，由于感情日深，还随了三毛的称呼，喊陈嗣庆为"爹爹"（三毛对父亲的昵称）。

陈嗣庆夫妇在这里，大约住了一个月。他们很喜欢这个厚道的女婿。在拉芭玛待了一个月后，陈嗣庆夫妇打算到英国旅游。三毛陪同前往。荷西到机场送他们。

小型螺旋桨飞机徐徐上升。荷西跳过花丛往高处跑，拼命地向他们挥手。四个人谁也没有想到，这次挥别，竟是永诀。

荷西意外丧生

三毛陪着父母离开了拉芭玛岛。几日后，传来坏消息。

九月三十日那天，荷西闲来无事，像往常一样，到海边捕鱼散心。他潜入海底，便没有再浮出水面。

当天，三毛和父母火速赶回拉芭玛。

三毛一边请人在海里寻找，一边整夜祷告，求上帝让她失踪的丈夫回家。

"我说上帝，我用所有的忏悔，向你换回荷西，哪怕手断了、脸丑了，都无所谓，一定要把我的荷西还给我。"

然而，回答她呼救的，只是大海不息的寂寞的涛声。

两天后，荷西的尸体被捞了上来。陈嗣庆死命阻止女儿看见遗容，但三毛还是不顾一切地扑了上去。她凄惨地喊叫着荷西的名字，放声大哭。

从此，三毛失去了她深深爱着的伴侣。这一年，她三十六岁，荷西才三十岁。到了晚上，闻讯赶来的朋友们，要为荷西守灵。但三毛执意不肯。

荷西确实是与他一生唯一钟爱的女人永远地告别了，这是残酷的事实。去年岁末那个不祥的愿望，噩梦之中那可怕的死亡信号，不幸，竟应验在丈夫的身上。

荷西葬礼的前一天，三毛独自来到墓园。她要亲手为丈夫挖坟。

"我要独自把坟挖好，一铲一铲的泥土和着我的泪水，心里想，荷西死在他另一个情人的怀抱里——大海，应也无憾了。"

朋友们争着为荷西抬棺。下葬的时候，三毛恸哭狂叫，疯了一般地失去了控制，好不容易才使葬礼进行下去。

葬礼之后，三毛被注射了镇定剂，躺在床上。她痛不欲生，药性几乎失去作用。她仍然喊着：荷西回来！荷西回来！

荷西死了。留给三毛的是无尽的哀伤。

几乎每天，三毛起床后的第一件事，就是到墓园去，陪着她长眠地下的丈夫。她总是痴痴地一直坐至黄昏。

三毛来到木匠店里，请一位老工人给荷西的坟做一个十字架，那是她自己设计的。老人用上好的木料，为她做好了一切。墓志铭上，刻着三毛亲拟的铭文：荷西·马利安·葛罗。安息。你的妻子纪念你。

拉芭玛岛，是三毛和荷西神仙眷侣生活的最后一座离岛。留给三毛太多的噩梦和无限的悲苦记忆。拉芭玛是一座死亡之岛。

暂做不死鸟

> 我是选择的做了暂时的不死鸟，虽然我的翅膀断了，我的羽毛脱了，我已没有另一半可以比翼。
>
> ——三毛《不死鸟》

为了让女儿摆脱丧偶的悲痛，陈嗣庆夫妇极力劝说三毛跟他们一起回台湾。他们希望女儿换一下环境。三毛终于允诺下来。

　　离开长眠地下的荷西，三毛心中充满了苦楚。临行前，她到丈夫的坟上道别："我最后一次亲吻了你，荷西，给我勇气吧！"

　　这是 1979 年秋。三毛一袭黑衣，怀着悲痛随父母回到了台湾。

　　一个月以前，她的荷西还和岳父岳母约定，要在第二年（1980）台湾春暖花开的时候，和三毛一起到台北去看他们。

　　荷西的东方之行没有实现，他的台湾梦被无情的大海粉碎。

　　刚回台湾的时候，丈夫死亡的悲痛，几乎压垮了三毛。

　　她想到了死。一天深夜，她和父母谈话，吞吞吐吐中，露出了自杀的念头。

　　母亲听罢，伤心地哭了。父亲陈嗣庆则情绪语气几乎失去了控制。"你讲这样无情的话，便是叫父亲生活在地狱里，因为你今天既然已经说了出来，使我，这个做父亲的人，日日生活在恐惧里，不晓得哪一天，我会突然失去我的女儿。如果你敢做出这样毁灭自己生命的事情，那么你便是我的仇人，我不但今生与你为仇，我世世代代要与你为仇。"

　　三毛听罢，泪如雨下。

　　荷西遇难后，台湾的朋友和读者纷纷致信和唁电，用他们的关爱，安慰三毛。其中给三毛印象很深的，是皇冠出版社出版人平鑫涛和作家琼瑶夫妇。他们得到噩耗，立即向拉芭玛致电："Echo，我们也痛，为你流泪，回来吧，台湾等你，我们爱你。"

　　三毛早在少年时期，就与琼瑶结缘。那时，她是一个自闭在家的中学生，每天黄昏蹲在家里，巴巴地盼望报纸，为的是读琼瑶作品的连载。

1976 年，三毛成名后首次回台湾，曾到琼瑶家拜访。那既是和皇冠出版社的出版人第一次见面，也是两位台湾最负盛名的畅销书女作家的第一次握手。

这一次三毛一腔悲痛地回来，琼瑶及时地伸出了救援之手。

为了便于深谈，三毛到了琼瑶的家里。正是深秋，琼瑶和她谈了七个小时，一个目的，就是要三毛打消轻生的念头。

琼瑶是个劝慰人的能手。得到三毛的承诺后，又进一步地逼她，要她回家第一件事，就是亲口对母亲说一遍："我不自杀。"

三毛回到家里，琼瑶的电话便来了。追问她对母亲说了那一句话没有。直到三毛痛哭着答应，才放下电话。

三毛称琼瑶"陈姐姐"。为姐为友，琼瑶可谓用心良苦。

在父母深爱和亲友劝说下，三毛决定暂做一只不死鸟。

"在这世上有三个与我个人死亡牢牢相连的生命，那便是父亲、母亲，还有荷西，如果他们其中的任何一个在世上还活着一日，我便不可以死，连神也不能将我拿去，因为我不肯，而神也明白。"

东南亚及香港之旅

1980 年春天，三毛前往东南亚及中国香港旅游。这次东南亚之行，多少减轻了她心头的痛楚。

三毛是名扬中国港、台和东南亚的作家。她走到哪里，哪里就出现热烈轰动的场面，簇拥包围和签名，应接不暇。

再回台北，应酬活动越来越多。名目繁多的饭局、演讲、座谈会，使她非常疲倦，她有些应付不了了。

原本酷爱宁静甚至荒寂生活的三毛，丧偶之痛刚刚淡了一点，滚滚红尘又接踵而至，她又产生了逃之夭夭的念头。

她决定回到大加纳利去，回到那个荒美的大西洋孤岛上去。在那里，可以重温和亡夫在一起的纯净和安宁。

重回大加纳利岛

1980 年四五月间，三毛离开台湾，回到大加纳利岛。这是她第四次自台湾去西班牙。四年前，她从这里飞回大加纳利岛的时候，失业在家的荷西，日日在海边盼望着她。如今，丈夫已逝，等待她的只有空寂的屋子和屋外漂泊的海船。三毛在途中耽搁了近一个月。直到五月底，才结束了这一次漫长的归旅。她在瑞士、意大利、奥地利和马德里等地逗留。一路旖旎的风光和朋友亲情，抚慰她心灵的创伤。

第一站，瑞士。三毛感到，瑞士之行，简直是她 1979 年拉芭玛岛噩梦的重演：在台湾桃园机场，泪眼模糊地告别亲人；然后独自一个人，像梦中走过的一样，通过长长的走廊，之后登上飞机；经香港，越昆明，到达瑞士；坐火车到洛桑，一到车站，三毛吃了一惊，这座古典风格的车站，竟与噩梦中的车站一模一样。在女友家盘桓数日，游了意大利佛罗伦萨，她看望老邻居奥托一家，上车的时候，她发现阳台上醒目的阿拉伯数字——6，又与梦相合。更使她不可思议的是：在车厢里，果然有三个士兵，草绿色的制服，肩上缀着红牌子，对着她微笑。

三毛是一个情感丰富、感性的女性。她梦中的情形如何，一路上的巧合又如何，只有她一个人能够证实，而对于广大读者，它则是一段离奇的故事。

维也纳之后的一站是马德里。没有了丈夫，她不想去看她的婆婆。但她不得不去。除了那里有丈夫的亲人而外，还有一些遗产事宜，要与婆家分割清楚。

三毛心中认为婆家没有盼望她的人，实在是冤枉了夏米叶和小姑子伊丝帖。伊丝帖当年是三毛和荷西的红娘。这回看到三毛，她极力主张嫂子脱掉黑色丧服，像哥哥活着那样，穿上七彩春装。在公婆与三毛争执财产的时候，伊丝帖坚决站在三毛这一边。她爱三毛。

夏米叶还是当年的艺术气质，他买来一束很大很红的玫瑰，还帮助三毛偷走荷西的相册——那是婆婆看得很紧的宝物。

后来，夏米叶还到岛上去看望三毛。在夕阳的余晖里，坐在海滩上，一边给三毛穿珠子项链，一边静静地诉说弟弟童年的故事。

隐居大加纳利岛

自 1980 年 5 月台北归来至 1981 年夏，三毛在大加纳利岛孤独地隐居了一年多的时间。

这片离城二十多里的海边社区，住着一群静度余生的老人。年仅三十七岁、名扬东南亚的女作家三毛，在这里打发着世外桃源般的日子。

到过这里的人对三毛的隐居环境，却会留下强烈的印象："一个纯白色的住宅面对着艳阳下的大西洋静静地呈现在眼前。那亦是一个奇异的海滩。"客厅，完全粉刷成白色。最引人注目的摆设，是书架上两张放大的照片：一张是荷西的单人照、穿着潜水衣、神态英俊逼人；另一张是他们夫妻的合照。都是黑白的。照片前面插着几朵淡红色的康乃馨。

行走的三毛

后来，三毛卖掉了这所房子，在附近买了一座两层小楼宅院。新客厅最合三毛的口味，顺手将窗帘哗一下拉开，一幅海景便画也似的，镶在她的房间里面了。站在大加纳利荒美哀愁的海滩上，目送漂泊的海船，拉芭玛岛就在对面，远眺可及。那座离岛，是一座死亡之岛。深蓝的火山和神秘的巫婆，是三毛永远忘不了的苦难记忆。她的丈夫荷西就长眠在那座岛上。

1980 年 6 月，三毛来到拉芭玛岛，为荷西扫墓。虽然时隔不到一年，坟墓的变化很大："冲到你的墓前，惊见墓木已拱，十字架旧得有若朽木，你的名字，也淡得看不出是谁了。"

三毛买来了笔和漆，将荷西的墓铭一笔一笔地重新填好：荷西·马利安·葛罗。安息。你的妻子纪念你。

然后，她一遍又一遍地，将十字架和木栅栏刷新。

每来一次拉芭玛，三毛就感到死了一次似的，不堪悲伤。

隐居的日子，对荷西的怀念占据了三毛全部的情怀，再容不下其他男子的爱情。

她的好友丘彦明来，受到她非常热情的接待。黄昏时，相依窗前，唱起怀念荷西的恋歌。后来，开车带彦明旅游海岛。

2006 年，丘彦明出了一本书《人情之美》，有一节回忆三毛在她面前整段整段背诵《红楼梦》的情景。

结束隐居生活

一年以前，三毛曾决心老死海滩，不回红尘。一年之后，便打起了回台的行装。她的解释很简单——因为思念双亲。

1981 年 5 月，三毛接了一个长途电话。电话是台湾新闻局驻马德里代表刘先生打来的。她邀请三毛回台北，参加台湾 1981 年年度广播电视"金钟奖"颁奖典礼。

当时在电话里，三毛一口回绝了。但转念一想就犹豫了："放下了电话，我的心绪一直不能平静，向国际台要求接了台湾的家人，本是要与父母商议的，一听母亲声音传来，竟然脱口而出，妈妈，我要回家了。"

父母之爱，是她结束隐居生活的原因之一。

三毛在静养了她的身心之后，回到台北。这一年，三毛三十八岁。

三毛这次回台北，感情历程上依然是三部曲：先是纵情享受人间亲情温暖；之后，便追求片刻安宁；终于不堪喧嚣，夺路而走，逃之夭夭。

作为台湾的畅销作家和青春偶像，三毛总逃不开那些又热又浓的欢迎场面。人称三毛是台北的"小太阳"，实在不夸张。

盛名之下，三毛有些招架不住。

中南美洲之旅

这次回到台湾，三毛又结交了许多笔墨同行和知名人士。一个是体育界名人纪政。纪政得知三毛久有旅游南美的愿望，便带她到《联合报》找负责人王惕吾。王先生很爽快，不仅答应还同意承担全部费用。自 1981 年 11 月起，三毛在《联合报》的资助下，从台北起程，经北美，飞抵墨西哥，开始了为期半年多的中南美洲旅行。

第一站是墨西哥。离开墨西哥，三毛又游历了洪都拉斯、哥斯达黎加、巴拿马、哥伦比亚、厄瓜多尔、秘鲁、玻利维亚、智利、阿根廷、乌拉圭、巴西等国。一路上，她为《联合报》发去一篇篇游记。

后来，这些游记都收录在《万水千山走遍》集子中。

走遍万水千山，三毛的中南美洲之行，玩得最开心的却是一个并不起眼的国家——厄瓜多尔。

在厄瓜多尔中部的安第斯山脉，坐落着许许多多的纯血的印第安人村落。三毛认为自己的血管里，流着的是印第安人的血，返璞归真，她独自一个人，走进了印第安人的村落。

三毛杜撰了一个她的前生——一位印第安加那基姑娘的故事。那姑娘名叫"娃哈"。在印第安土语中，"娃哈"是"心"的意思。娃哈的曾祖父，被印加征服者杀害，与三万名族人一起，被挖了心脏，投入了大湖。那湖被后代称为娃哈湖。娃哈的父母被印加人抓走了，再没有回来。娃哈成了孤女，守着老祖父过活。祖父是村里的药师，他会用各种不知名的草药为族人们治病。祖父死后，娃哈嫁给了一名英俊的猎人。猎人深爱他的妻子。在她怀孕的时候，弄来了几条鲜鱼。那鲜鱼是从心湖里偷偷捉来的，那是祖宗们的心脏。族人们说，娃哈必遭报应。在一个寒冷的夜里，太阳神降临报应，娃哈死于难产，猎人抱着她的尸体痛哭，直到妻子浑身冰冷。

三毛说，她是娃哈转世而来。

三毛在村子里，结识了一位名叫"吉儿"的土著妇女，并在她家住了下来。睡玉米叶堆，汲水，纺线，吃玉米饼，喝麦片汤，喂猪。三毛有模有样地过起印第安人的生活来。村里的人，以为她是同类，对吉儿家的这位陌生客人不以为怪，更使三毛对前世转世说深信不疑。

直到米夏放心不下来找她，三毛才恋恋不舍地与吉儿告别，结束了这段"回归前世"的生活。

三毛曾研究过自家的家谱。那上面分明写着，她出生于一个地道的中国家庭。上溯到几百年前，陈家是从中原河南迁到东海中的舟山群岛。东海常有台风大作，波涛万顷，樯倾楫摧，即使偶或漂来几个难民或海盗，也与陈氏一家无关。

娃哈的故事，只是一个动人的神话。

南美洲之旅，对体弱的三毛来说，是一场辛苦之旅。尽管辛苦，浪漫的三毛还是走遍了万水千山。

像在撒哈拉一样，三毛还是喜欢"人"。观察民俗，访问亲友，购买土著工艺品，品尝各种小吃。

1982 年 5 月，三毛结束了她漫长的、神奇多姿的南美洲旅行，回到了台湾。

5 月 7 日，由《联合报》副刊主编痖弦主持，在台北孙中山纪念馆，为三毛举行了专题演讲会。年轻的听众们，把纪念馆围得水泄不通，人山人海，盛况空前。三毛有声有色地述说了她长长的精彩的旅行故事。她还穿上了印第安人的服装，做了简单的表演。

这次中南美洲之旅，是三毛一生中为期最长的一次国际旅行。此后，除了治病疗养和短期旅行，她基本上定居在台湾。

在文化学院教书

三毛从南美洲归来，应母校文化学院校长张其昀先生的邀请，到那里任教。二十年前，张先生慧眼识金，成全了三毛的"向学之志"。她成名之后，不止一次接到张先生的聘书。出于种种考虑。三毛一直没有接受。这次应承下来，反映了她的一些变化。

台北是三毛视为红尘滚滚的地方。出国之后，几次回台湾，都是住很短的时间便抽身而去。她不能忍受那些无时不在的红尘压力。没完没了的电话、座谈会、演讲、应酬饭局，甚至包括无休无止、无微不至的母爱："我不能将自己离家十七年的生活习惯，在孝道的前提之下，丧失了自我，改变成一个只是顺命吃饭的人，而完全放弃了自我建立的生活形态。"

然而，除了台北她别无选择。荷西已逝，她的爱情经历和求静求真求爱的浪漫个性，决定了她难以再次撩开爱情的幕幔。

三毛说："我常常想，命运的悲剧，不如说是个性的悲剧。"这句话对于三毛本人，也许尤为适用。

三毛不得不在台北寻找一方净土，她选择了华冈山上的文化学院。

九月份开学之前，她又飞往大加纳利岛，做了一次短暂的夏季旅行，照料荷西的墓。

回台途中，她绕道到西班牙邦费拉达城，探望了僻居在德尔的老友夏依米和他的妻子巴洛马，他们是撒哈拉沙漠的患难之交。三毛给这个穷愁潦倒的家庭买足了食物后，便和他们洒泪作别，返回滚滚红尘中去了。

1982 年 9 月，三毛登上了文化学院的讲台。

教书是三毛一生中比重不小的部分，除了留学、打工和在大加纳利干过一段使馆秘书外，三毛一生中唯一从事的职业，恐怕就是教书了。

三毛说："教学，是一件有耕耘、有收获，又有大快乐的事情。"她多次把教师比作农夫。她喜欢这个比喻。

十年前，三毛留学归来，也曾在华冈山上当过"农夫"。那时，她是一个默默无闻的德文助教。十年后的今天，作为一名大红大紫的女作家，第一堂课就盛况空前。学生子菁回忆："三毛第一次来华冈上课，可以用轰动这两个字来形容，因为来一睹其风采的学生，像是一颗颗软糖装在大肚小颈的瓶子里溢了出来，是的。教室太小了些，但这不是准备做演讲，而是上课。"

三毛的正式学生一百五十三人，加上旁听的，超过二百名学生。

三毛教学的课程是中文系文艺创作组的"小说研究"和"散文习作"。

中国文学是三毛的生命之爱，她认为，她的学生非常幸运，念了世界上最有趣的学系。

三毛教书，极为投入。

三毛是一位讲故事的能手。家里的亲友和孩子们，不读她的书，但对她共同的印象，就是会说故事。父亲陈嗣庆说："她的确可以去说书。"

在课堂上，三毛的课极为生动，而且计时很准。

三毛没有忘记自己的文学启蒙和创作道路。她为学生加开了《红楼梦》课。接着，她又开了《水浒传》的课。

三毛，她真诚地想把她认为成为一名作家的全部东西，通通地奉献给学生。

课下花在批改作业的工夫，并不比备课和讲课少。三毛曾公布过一篇普通的作业批改卷，她把改作业当作和学生的书面对话，学生作业写了二千四百多字，三毛竟在上面写了（准确地说，是圈点评论）二千三百多字。

三毛有二百名学生。她这样的教学方法，工作量太大，以三毛的身体状况，不累才怪！

她终于病倒。1984年初，三毛到美国短期疗养六周。春天，再赴美国手术。

这一年，由于身体状况她不得不辞去教职。

行走的三毛

纸人

  我现在恨不得讲出来，她根本是个"纸人"。纸人不讲话，纸人不睡觉，纸人食不知味，纸人文章里什么都看到，就是看不见她的妈妈。

——缪进兰《我有话要说》

  1984 年夏，三毛到美国加州手术治疗回来。她的健康支持不了她的近乎狂热的教学。她不得不与讲坛告别。

  她开始专心从事文学创作。

她的写作前所未有的勤奋。在这以前，似乎只有她在丹娜丽芙画石，才能与现在的状态媲美。

　　三毛谢绝任何交往。她不接电话，不看报纸，甚至吃饭睡觉都成了可有可无的事情。难怪母亲缪进兰称她为"纸人"。

　　陈嗣庆先生谈三毛的写作生活："女儿写作时，非常投入，每一次进入情况，人便陷入出神状态，不睡不讲话绝对六亲不认——她根本不认得了。但她必须大量喝水，这件事她知道。有一次，坐在地上在没有靠背的垫子上写，七天七夜没有躺下来过，写完倒下不动，说：'送医院。'那一回，她眼角流出泪水，嘿嘿地笑，这才问母亲：'今天几号？'那些在别人看来不起眼的文章，而她投入生命的目的只为了——好玩。

　　最初，她在南京东路四段父母的家中写作。她嫌不安静，干扰太多，就向母亲"借"了位于民生东路的小公寓。她不生火做饭，母亲天天去送。

　　"她那铁门关得紧紧的，不肯开，我就只好把饭盒放在门口，凄然而去。有时第二天、第三天去，那以前的饭还放在外面，我急得用力拍门，只差没哭出声来。"

　　三毛写作起来，等于生死不明。

　　她原来有夜间写作的习惯，但是现在，她几乎是不分昼夜地伏案工作了。

　　三毛曾说，写作是她生活中最不重要的一部分，它不过是蛋糕上的樱桃罢了。此时，写作成了生活的全部。

　　她的写作计划庞大得惊人。经皇冠出版社建议，她同时写三本书——《倾城》《谈心》《随想》。还着手翻译丁松青神父十二万字的《刹那时光》。

1984—1985 年的三毛，是一名写作疯子。

原已不堪的身体，终于垮了下来。约有三个月几乎无睡眠的生活，使她的记忆力严重丧失。那一段，正赶上母亲和好友杨淑惠均患癌症住院。她的思想压力很大。一次，她去探望杨淑惠后，走出医院，竟忘了家在何处。

这样疯狂的写作生活，她坚持了一年多。1986 年初，三毛因严重神经衰弱被迫住进医院。十七天后出院。她不得不放下笔，再次飞往美国，到西雅图度过一个宁静闲适的冬天。

她不得不与写作告别，到美国疗养。

疗养地是华盛顿区西雅图市郊外。进入美国的时候，美国移民局问她，你为什么要来美国？三毛答道："我来等待华盛顿州的春天。"

在学校，她还交了一些朋友。最合得来的同学是阿雅拉和瑞恰——两位以色列姑娘，阿雅拉是个画家。三毛喜欢现代画，阿雅拉却是写实派。她送给三毛一张半写实半抽象的油画《西雅图之冬》。

三毛等来了华盛顿的春天。三毛决定停止闹学的游戏，回台湾去。

诀别大加纳利岛

1986 年 7 月，三毛回台不到两个月又急急起程，飞往别离了两年多的大加纳利岛。她是来与大加纳利岛诀别的。

三毛曾于 1985 年 6 月，在台北育达商校附近买下了一套住宅，并花了大量的财力装修。

她到大加纳利去，是想把那里的两层楼小院卖掉，以偿还买台北这所房子的债务。

三毛在大加纳利登了广告，房子很快成交，由于急着回去，三毛的要价很低，只以六百五十万卖给了邮局工人璜。这个价连原房价的一半还不到。

价钱讲定后，三毛便把家具、衣服和各种带不走的工艺品，送给了当地的朋友们。维纳斯石像、古铁箱子、收录机和挂毯，送给好友甘蒂；荷西的摩托车让木匠拉蒙骑走；九个书架的书，中文的给了中国朋友张南施（其中有三毛本人珍爱的线装本《红楼梦》），西班牙文的给了另一个朋友法玛蒂；尼日利亚木琴、达荷美的羊皮鼓，成了邻居玛利路斯的宝贝；荷西和她的衣服，通通救济了清扫妇露西亚；白色的福特汽车——她和荷西的爱马，赠给了泥水匠。

最后，荷西的爱物：铜船灯、罗盘、沙漠玫瑰石和潜水雕塑等，她郑重地把它们交给了丈夫的生前密友——卡美洛兄弟。

处理完这些东西，三毛寂静了下来。

临走前的一个晚上，邻居金发小姑娘奥尔加来了。奥尔加才七岁，她不愿 Echo 离开。

三毛把孩子抱在怀里，望着天上的星星和云彩，给奥尔加讲了一个美丽的东方国家——中国的故事。孩子听得入神。

三天后，三毛和奥尔加挥别，和荒美的海滩挥别，和荷西长眠的拉芭玛岛挥别，和波涛滚滚的蓝色的大西洋挥别。

从此，三毛没有再回到这里来。

三毛的大陆之行

1987 年，台湾当局宣布，准许台湾部分居民回大陆探亲。此禁一开，全岛欢庆，三毛更是欣喜若狂。

1943 年三毛出生于重庆。1948 年，跟随父母经上海离开大陆。

尽管襁褓和幼童时代的生活，不会给她留下太深的印象。然而，三毛说："血浓于水。"

　　1989年春天，三毛首次返回大陆。她看望了"爸爸"张乐平后，来到浙江舟山故乡探亲。

　　1990年4月，三毛第二次回到大陆。这次主要参加由她编剧的电影《滚滚红尘》的摄制录音。跟着摄制组摸爬滚打。

　　大概是因为这次没有跑够，三毛便于同年秋天，开始了她的第三次大陆之行，这也是她最后一次回大陆。

　　临行前，她告诉台湾作家赵宁，她只买了单程机票。赵宁问她什么时候回来，她慢声回答："很久很久。"

　　她还与另一位台湾作家张拓芜通了电话，说了一句："说不定

行走的三毛

我就不回来了！"

在四川成都，摄影师肖全为她拍了一组照片。三毛来到了她的出生地重庆黄桷垭。

离开双亲生活

1986 年三毛没有立即住进她在育达商校的新住宅，而是让它空着，自己仍与父母同住。

1989 年，她首次回大陆返台后的一天，她不声不响地给父母留下了告别信，便悄悄地搬进了自己的新住宅。陈嗣庆读了女儿的信，随即给她回了一封长信。这封长信，后来发表在《皇冠》杂志上。它对广大读者了解三毛的居台生活，和她出走及辞世的原因，颇有帮助。

陈嗣庆的信很长，摘录部分如下：

平儿：

今天早晨我起身得略早，在阳台上做好体操之后，轻轻打开房门，正想一如往常，踮着脚尖经过你的房门外走向餐厅，却发现你并未在家。你的房间敞开，被褥不似睡的样子，人却已然离去。桌上放着三张纸的信，是写给你母亲的。

我与你母亲结婚数十年，自恃两人之间并无秘密可持，在这种认定下，恕我看了你留下的心声。看完之后，我了然你的决定和出走。只因不忍给你母亲再加刺激，我自作主张，把你的交代，放入了公事包中，未给你母亲过目。

其实，我与你母亲在养育你们四个孩子的前半生里，从来没有心存任何一个子女对我们的反哺之盼。也认为儿女成家立业之后，当活出自己的生活方式来。父母从不给你们此等压力，无论在物质上精神上，父母是不求于任何人的，因为我们也有尊严和能力。

这三年来，你自动回家与父母同住（1986—1989），放弃了本身在附近购置的小公寓，让它空着，与我们同在一个屋顶下定居，这是你的孝心，我们十分明白，也很谢谢你。可是你的过去，长达二十二年，并没有与我们在一起度过，你的归来，虽然使我们欢欣却也给了我们一个考验——是否我、你的母亲跟你，能按生活秩序能够同步同行地和睦相处？原先，这个家中只有我与你母生活，你的加入，其实对我们来说，也产生了巨大的波澜，并不只是你单独一方面在适应，我们也在适应你的出现。

三年的时间生活在一起，我渐渐地发现到你往日的脾气和性格，都随着岁月的磨炼而淡化。除了你永不愿放弃的夜读之外。

我一直认为，女婿有一句话对你，是很正确的。他曾告诉我——"你的女儿是最优良的家庭主妇。"我也在海外你的家中亲眼看见你持家的专注和热情。当你回到父母家中来住之后却是个凡事绝对不管的人，你不扫地、不煮饭、不熨衣服，更不过问家中的柴米油盐。这情况，并无任何对你的怪责，只是不解其中的改变所谓何来。

你曾经也有过煮菜的兴趣，却因你坚持一个原则："谁掌锅铲，谁当家。"

于是你在家务上十分留心，不去碰触母亲的权利。你也懂得守礼,绝对不进我的书房。你甚至在开箱拿一个水果时,都会先问一声才吃,三年如一日。

不看电视的原因是你想——选节目的主权在父母。你到我们的卧室中来阅报,夜间我常常发现你私底下去街上另买报纸——同样的,好叫你深夜独享。

偶尔,你打越洋电话,你从不直拨,你请长途台代拨,然后问明通话费将款项留在饭桌上。

你回家,一定将自己的鞋子立即放入鞋柜,衣物放进你的房间。白天,你很少坐在客厅,等我们睡下,却发现你独自一人长久静坐在全然黑暗的客厅中。

平淡的家庭生活,你没有对于母亲的菜、父亲的言行、手足的来去,有过任何意见。二十二年以上的分离,使得现今的你,如此自重自爱自持自守。

为父的我,看了也曾有过一丝惊讶。你也很少有什么情绪化的反应。你在丈夫忌日的那一天,照常吃喝,并不提醒家人一句。现今的你,看上去理智控制感情,却也不失亲切愉快温暖。我以为,这以后总是风平浪静了。

也偶尔,你住回自己的公寓去,不过一天,就会自动回来,回来后神色报然,也就不提出要搬回去独自生活的话。我——你的父亲,是一个简单的人,你来住,我接受,你要走,其实我也不黯然。只不知,原来你的心里担负着如此沉重对父母痴爱的压力——直到你今晨留书出走,信中才写出了过去三年来,住在家中的感受。以前,你曾与我数次提到《红楼梦》中的"好了歌",你说只差一点就可以做神仙了,只恨父母忘不了。那时我曾对你说,请你去做神仙,把父母也给忘了,我们绝对不会责怪你。你笑笑，走开了。

……

你只身一个人去了大陆一个多月，回来后的第一件事情，就是交给了我两件礼物。你将我父亲坟头的一把土，还有我们陈家在舟山群岛老宅井中打出来的一小瓶水，慎慎重重的在深夜里双手捧上给我。也许，你期待的是——为父的我当场号响痛哭，可是我没有。我没有的原因是，我就是没有。你等了数秒钟后，突然带着哭腔说："这可是我今生唯一可以对你陈家的报答了，别的都谈不上。"说毕你掉头而去，轻轻关上了浴室的门。

也许为父我是糊涂了，你大陆回来之后洗出来的照片，尤其有关故乡部分的，你一次一次在我看报时来打断我，向我解释——这是在祠堂祭祖，这是在阿爷坟头痛哭，这是定海城里，这又是什么人，跟我三代之内什么关系。你或许想与我谈谈更多的故乡、亲人，而我并没有提出太多的问题，可是我毕竟也在应着你的话。

你想倾诉的经历一定很多，而我们也尽可能撑起精神来听你的说话，只因为父母老了，实在无力夜谈，你突然寂静下来了。将你那数百张照片拿去了自己的公寓不够，你又偷走了给我的那一把故乡土和那瓶水。

不过七八天以前吧，你给我看《皇冠》杂志，上面有一些你的照片，你指着最后一幅图片说："爸，看我在大陆留的毛笔字——有此为证。"我看了，对你说——你写字好像在画画。你还笑说："书画本来不分家，首在精神次在功。"你又指着那笔字说："看，这女字边的好字，刷一挥手，走了。"

我也说很像很像。

却忘了，那时的你，并不直爽，你三度给我暗示，指着那幅照片讲东讲西，字里两个斗大的"好了"已然破空而出。

这两个字，是你一生的追求，却没有时空给你胆子写出来，大概心中已经好，已经了，不然不会这么下笔。而我和你母亲尚在不知不觉之中。

只有你的小弟，前一日说："小姐姐其实最爱祖国。"你听了又是笑一笑，那种微笑使我感到你很陌生，这种陌生的感觉，是你自大陆回来之后明显的转变，你的三魂七魄，好似都没有带回来。你变了。

三天之后的今日，你留下了一封信，离开了父母，你什么都没有拿走，包括给你走路用的平底鞋。我看完了你的信，伸头看看那人去楼空的房间。里面堆满了你心爱的东西，你一样都没有动，包括你放在床头那张丈夫的放大照片。

我知道，你这一次的境界，是没有回头路可言了。

也许，你的母亲以为你的出走又是一场演习，过数日你会再回家来。可我推测你已经开始品尝初次做神仙时的那孤凉的滋味，或说，你已一步一步走上这条无情之路，而我们没能与你同步。你人未老，却比我们在境界上快跑了一步。山到绝顶雪成峰，平儿、平儿，你何苦要那白茫茫大地真干净。

……

你本身是念哲学的，却又掺杂了对文学的痴迷，这两者之间的情怀往往不同，但你又看了一生的《红楼梦》，《红楼梦》之讨你喜欢，当是一种中国人生哲理和文学的混合体。平儿，我看你目前已有所参破，但尚未"了"，还记得你对我说过的话吗？你说："好就是了，了就是好。若不了便不好，若要好必须了。"

......

平儿，对于你的未来，我没法给你什么建议，为父的我，无非望你健康快乐……

在你少年时期，因为你太重情感，我便对你说过——人生至乐，无非情天孽海。人生至苦，亦无非情天孽海。这四字的悲欢，说尽了人一生一切的欲望。而你，你在这至苦至乐的天地之间，都已有付出和回收……

我难以想象，你在大陆受到过什么巨大的冲击，我只看出，你因为爱它而产生的片片华发——你又白了头才回来。这都是性格使然，多情至极，必反。这不能对你置评一词……

父字

这封信，实是父亲与女儿的一次心灵对话。

《滚滚红尘》

1990年，三毛创作了一生中第一部电影剧本《滚滚红尘》。

三毛的第二部电影剧本计划，是改编白先勇的短篇小说《永远的尹雪艳》，拟名《再度携手》。由于三毛的去世，这个计划没有实现。

三毛声称：她写电影剧本的原因，是出自她本人对电影一生一世的爱。

三毛对电影戏剧的爱好，可追溯到她的孩提时代。

在小学，三毛是一个电影爱好者。曾经背着大人，朦朦胧胧地去赴男孩子的电影约会。她还极有兴趣地出演学校排演的话剧《牛伯伯》中的"匪兵乙"，尽管只有一句台词。少女时代的三毛，常常会因为一场电影，感动得流泪，甚至还有走火入魔的时候。她的处女作散文《惑》，即写她受了电影《珍妮的画像》插曲的刺激，做出来一系列"疯狂"的举动。

大学时期，她最欣赏的男孩子，后来成为她恋人的梁光明，便是戏剧系的才子。

三毛留学西班牙，是马德里电影院中的常客。她和荷西在撒哈拉沙漠，结成永世夫妻。荷西也是位电影迷。结婚前夕，他拉着新娘，到沙漠仅有的一家四流影院，看了一部《希腊左巴》，作为新婚庆贺。

三毛是在香港导演严浩的一再央求下，动手写《滚滚红尘》的。"没有严浩导演，就没有这个剧本的诞生。"

1986 年前后，严浩读到三毛的小说《哭泣的骆驼》，认为是改编成电影的好材料，便动了请三毛写电影的念头。《哭泣的骆驼》是三毛的代表作之一。情节紧凑传奇，意境深沉富丽。以执导《似水流年》等片成名的严浩，眼力是很不错的。

如果三毛真的改编了《哭泣的骆驼》，也许会是她"触电"的最佳开端。

三毛没有这样做，而是创作了一个新剧本。严浩为什么没有实现最初的愿望，恐怕现在只有严浩一人知道。

严浩不止一次请三毛写本子，她都以种种理由推掉了。严浩不死心。

1990 年，他约了影星林青霞和秦汉，把三毛请到餐馆。三人一起，都劝三毛为他们写本子。三毛只是推说去欧洲旅行，不肯承诺。三毛没有满足他们的愿望，酒却并不少喝。最后，她竟醉了。

她醉意浓浓地回到家，一失足从家里的楼梯上跌了下来。由四楼悬空摔落三楼。她伤得很重，三根肋骨摔断，断骨插入肺里。她被送进医院，住了月余，肺被切掉了一叶。

　　两个月后，三毛病愈。严浩、秦汉、林青霞三人，与三毛在餐馆里再度相聚。这一次是三毛做东。她取出了一大摞稿纸，为他们读了一个剧本——她在病床上写的。剧本名《滚滚红尘舞天涯》，即后来的《滚滚红尘》。

　　三毛读完，严浩等人都很感动。林青霞、秦汉当即表示，他们愿演这个戏。

　　这真是对三毛最大的慰藉。她为写这个本子，费了很多的心血："痛切心肺的开始，一路写来疼痛难休，脱稿后只能到大陆浪漫放逐，一年半载都不能做别的事。"

　　当年，《滚滚红尘》投入拍摄。

　　三毛与一般的编剧不同，她相当积极地参与影片的摄制。

　　三毛和摄制组都吃了不少苦。"那段时间，我们很辛苦，每天干十六个小时。"

　　香港首映期间，影片受到一些攻击。艺术方面挑剔的不多，主要指责内容问题。显然，是冲着编剧来的。

　　1990 年 12 月 15 日，"金马奖"评委会宣布：电影《滚滚红尘》获最佳导演、剧情、女主角、女配角、摄影、音乐、美术设计和造型设计等八项大奖。三毛没有获得最佳编剧奖。

　　三毛明显受到挫伤。有人回忆，在庆功晚会上，大家兴致很高地合影，三毛却冷在一旁，落寞地说了句"你们都得了奖……"话未说完，被大伙拉进来合了影。

　　林青霞说："尤其是金马奖颁奖后，没有得奖对她造成不小的打击。情绪低落可以想见。"

《滚滚红尘》的投资人徐枫回忆：她本人上台领奖时，为三毛说了一句公道话："如果没有最佳编剧，亦不可能有最佳的电影。"下来后，三毛立即搂着她说："你刚才在台上讲的话令我很感动，我好想哭！"

三毛一向逃避台北的滚滚红尘。当她一不小心失足其中，红尘便报复了她。

三毛对《滚滚红尘》，看得很重。

她对记者说："这确实是一部好戏。古人说，曲高和寡。我们希望这部戏能有一个飞跃：曲高和众，既叫好又叫座。"

三毛这样自夸自己的作品，在她的一生中还不多见。

三毛曾经说过：她的作品都属于自传体文学，因为她不擅长杜撰他人的故事。《滚滚红尘》却是一个杜撰的他人的故事。三毛评价这个剧本的时候，忘记了她说过的话。

剧本的背景是 1944—1949 年的中国社会。那是她非常陌生的时代，三毛是一位崇尚直觉的女作家。她没有去改编《哭泣的骆驼》，而是扔掉了直觉，靠她间接的历史知识，杜撰了一个新的故事。

因而，《滚滚红尘》情节有不尽合理的地方。尽管如此，作为三毛的第一部电影剧本，还是体现了三毛出色的才情和艺术上的新颖立意。对一个新文体的熟悉，是一个渐进的过程，即使文学天才三毛也不例外。

三毛走了

1991 年 1 月 2 日。下午四时三十分，三毛住进台北荣民总医院。

体弱多病的三毛住院是常事。这次的病因是子宫内膜肥厚，影响荷尔蒙分泌。不是什么大不了的重病，更非绝症。

她的病房在中正楼 A072 室。这是一套带有浴室卫生间的单人病房。

病情检查的时候，没有发生特别异样的事情。只是后来人们回忆，三毛说过一句话："我已经拥有异常丰富的人生。"

在病床上，三毛告诉母亲，她突然产生了一个幻觉："床边有好多小孩跳来跳去，有的已长出翅膀来了。"三毛的幻觉时常发生，她是个想象力非常丰富的女人。母亲没有觉察到什么不正常。

1 月 3 日。上午十时，赵灌中大夫为三毛做手术，清除掉子宫内膜肥厚部分。手术仅十分钟，顺利。

医院安排：三毛 1 月 5 日出院。

年迈的父母，陪在病床前。三毛在手术全身麻醉醒来后，要母亲替她梳洗一下。

三毛吃了一点东西。对父母亲说道："我已经好了，没有病了，你们可以回家了。"

陈嗣庆夫妇离开三毛的时间是晚上八点。据陈嗣庆回忆，分别时，女儿没有说什么特别的话。

大约过了三个小时，母亲在家里接到女儿打来的电话。谈的依然是病情。语调平静。谈了一会儿，忽然听得三毛在电话里，很大声、很急切、有如独白一般吐噜吐噜地说了一串话。母亲年纪大了，听不清女儿说的是什么。

等到母亲听清的时候，就听三毛说："那些小孩又来了。"母亲知道，那是幻觉，便说："也许是小天使来守护你呢。"随后，母亲听见话筒里凄凉地一笑，就挂断了。

晚上十一点多钟。荣民总医院大夜班护士查房，发现三毛的灯还亮着。三毛告诉护士，她的睡眠状况很不好，希望不要在夜间打扰她。

1月5日。早晨七时零一分，清洁女工郑高毓推开了A072病室，走进屋里准备打扫。突然，她惊住了。病人在卫生间里已经死了。三毛死在卫生间，在那没有自己高的输液架下，丝袜绕颈，坐在马桶上，双手合十，神态安详，作祈祷状。

医院立即向北投分局警方报案。

法医鉴定：死亡时间为1月4日凌晨两时左右。

上午十时四十五分。医院将三毛的遗体移交给亲属陈嗣庆。

三毛被安放在荣民总医院太平间里。

陈嗣庆夫妇，陷入了极度的悲痛之中。

父亲谈起爱女："她从小就是一个特殊人物，和一般小孩子不一样。人，凡是过分敏感，这种危险的倾向总是存在的。"他说："我很难形容我的女儿，我想，她一直感到很寂寞吧！"

父亲打算将三毛生前精心布置的育达商校附近的公寓，辟为她的纪念馆。

母亲缪进兰身患癌症近六年。听到女儿的凶信，几乎昏厥。从医院返回家里，悲痛万分。

后来，一家报纸刊登了母亲的文章——《哭爱女三毛》，其中写道：

> 荷西过世后这些年三毛常与我提到她想死的事，要我答应她；她说只要我答应，她就可以快快乐乐地死去，我们为人父母，怎能答应孩子做如此的傻事，所以每次都让她不要胡思乱想。
>
> 最近她又对我提起预备结束生命的事，她说："我的一生，

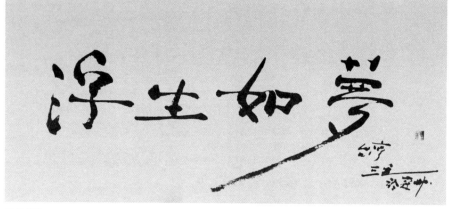

三毛书法

到处都走遍了，大陆也去过了，该做的事都做了，我已没有什么路好走了。我觉得好累。"

三毛是孝顺的孩子，对我们二老非常体贴。因为三毛常常说要去死这种话，就好像牧羊童常说狼来了狼来了一样，我与她父亲就认为她又说"文人的疯话"，况且最近也没有什么芥蒂，更没有什么不愉快，她是没有理由寻短见的。

孩子走了，这是一个冰冷残酷的事实，我希望以基督教的方式为她治丧。

她有今天的文学事业，都是《联合报》培养的，我也希望请《联合报》来主持治丧事宜。《联合报》造就了她，我也希望报社给予鼎助，使她走得风风光光的，她生前曾对我说喜欢火葬，认为那样比较干净。她生前最喜欢黄玫瑰，她不喜欢铺张，我也要选她在家里平常最喜欢的衣服缀上黄玫瑰给她穿上，外边套上一个漂亮的棺材就行了。她的骨灰，我希望放置在阳明山第一公墓的灵塔上。

命运夺我爱女，苍天对我，何其残忍？

三毛的大弟陈圣说：二姐的死，很惊讶也很遗憾。姐夫荷西死后，二姐一直闷闷不乐。换一个角度说，二姐的死，或许是一个解脱。

姐姐陈田心和三毛最爱的小弟陈杰，刚从美国回台湾，一同参与办理丧事。

各大中文报纸，均以最显著的位置，刊出了三毛辞世的消息。

三毛的离奇之死，震动了热爱三毛的读者，尤其是青少年读者。他们震惊、惋惜、悲痛。

与三毛相识的作家、好友和许许多多热爱她的读者，或发唁电唁函，或发表谈话、文章，纪念这位热情的女作家和真诚的朋友。

"我所居兮，青埂之峰；我所游兮，鸿蒙太空；谁与我逝兮，吾谁与从？渺渺茫茫兮，归彼大荒。"《红楼梦》不仅给了三毛文学启蒙，也给了她关于生命观的最早启示。

她先后在台湾文化学院和西班牙马德里大学，接受系统的哲学教育。但是，她的哲学思想、她的生命观，终其一生，没有超出《红楼梦》的哲学框架。糅合在《红楼梦》中的中国佛道思想，人生有若一场尘缘，来到世间，造下一段情孽。荒唐悲辛，不觉其中。生命终了，便是好了，了即是好，好即是了。这些思想，统治了三毛。

三毛果真走到了生命的绝崖，落了个"白茫茫大地真干净"的了局。

三毛在生命最后两年里，发表文字很少，但《红楼梦》的字句屡屡出现。

电影文学剧本《滚滚红尘》自不必说。她还把自己的苏州之行，看作"红楼"之旅，声称碰见了林妹妹，遇上了史大妹子，等等。散文《敦煌记》中，又把研究所的青年伟文，当作光头宝玉。

三毛直到赴死之际，依然保持着《红楼梦》启示于她的生命观不变。她会把自己的死，视为脱离苦难的极乐康桥。她不会太痛苦。

三毛的出世生命观，导演了她凄美的一生。

悲痛的父亲说："人生是一段旅程，总有下站的时候。现在她选择在荣民总医院，也许是她认为最适当的时机和地点吧。"

三毛一生，在生与死之间徘徊。

1990年12月16日，散戏回来的路上，她走进一家灵堂，突发悲心，请同来的朋友、舞台设计师登琨艳为其设计葬礼。

又一次，她对友人说："我已经拥有异常丰富的人生，要学三岛由纪夫的死亡方式。"

1991年元旦，她莫名其妙地送给母亲一张生日贺卡，上面写道："亲爱的姆妈：千言万语，说不出对你永生永世的感情。"母亲告诉她，离生日还有一个月呢。三毛答道："再晚就来不及了。"

1991年1月4日，三毛离开我们的时候，年仅四十八岁。但三毛仍然活着，活在无数热爱她的读者心中。

三毛就这样走了，寻找梦中的橄榄树去了，寻找她心爱的荷西去了。

第三章

三毛的
文学世界

三毛是一位传奇女子，以其文学创作的影响，形成一股长久不息的"三毛热"。

三毛文学创作的四个时期

三毛文学生涯的雨季文学时期。一片雨季的惨绿，是三毛对她二十二岁以前作品，颇为贴切的比喻。无论是处女作《惑》，还是代表作《雨季不再来》，都体现了悲苦、忧郁、迷惘和空灵的艺术特色。三毛的雨季文学是台湾二十世纪五六十年代，现代派文学潮流中的一朵浪花。

三毛第二个创作季是沙漠文学时期，也是她最辉煌的时期。自1974 年 6 月发表《沙漠中的饭店》，到 1979 年荷西去世，四部作品集——《撒哈拉的故事》《稻草人手记》《哭泣的骆驼》和《温柔的夜》。它们载着三毛的名字，在中国和东南亚国家风行。其中，代表作小说《哭泣的骆驼》，达到了三毛文学创作的巅峰。

三毛的都市玉冰文学季，从 1979 年秋，到她与世告别，三毛出版了十二部作品集：《梦里花落知多少》《背影》《万水千山走遍》《送你一匹马》《倾城》《谈心》《随想》《我的宝贝》《闹学记》，译作《兰屿之歌》《清泉故事》《刹那时光》，及一些有声作品。

在这个阶段，沙漠和海滩几乎消逝了。取而代之的，大多是作家心中珍藏的、美丽而纯洁的故事。小说《倾城》，即是这一时期的精品。她的文学风景线起了变化。远方如梦如诗的异域风光，变幻为都市夜晚的一盏孤灯。低回着一种寂寥、落寞、婉丽和悲凉的调子。

三毛文学的大陆文学时期。三毛对最后一部集子《闹学记》不满之后，便试图与她的都市玉冰文学告别。她把目光投向了大陆。她希望人们称她为"中国作家"，而不只是"台湾作家"。电影文学剧本《滚滚红尘》，应是三毛大陆题材的第一部大型作品。同时，她写过《敦煌记》和《悲欢交织录》等散文。大陆文学时期，刚透露出一点信息，便在 1991 年 1 月，雁断声残了。

传奇人生与传奇作品

三毛是作家中较为神奇的存在，她的奇才与情感交合展现出罕有的旺盛创作生命力，犹如沙漠中的绿洲，吸引了全球众多作家与读者的眼球。她的一生就是一部唯美的流浪史，在真实与自由中抒发对生命意义的表达。

三毛身上流露出的自由、豪放让人钦佩。她一生到过五十九个国家和地区，逃学、苦恋、远走高飞、沙漠中美丽的爱情，以及最后的离奇辞世，她大喜大悲、有笑有泪；她很浪漫；她在寻找心灵的故乡。

流浪自由的个性建构了她独特的创作风格，流浪的生活赋予她写作的激情。

　　三毛一直说："我认为生活比写作更重要。""我的写作只是我的生活的记录。"

　　三毛的作品虽然重"自我"，但那份真诚、自然的感情，却给读者以人心向真的影响，从而唤起读者的共鸣。

　　三毛在陌生与熟悉的夹缝里寻求生命存在的真谛。正因为如此，读者才能从她的文字里望见三毛流浪的背影，她的文字也因此具有无穷的魅力。这也是三毛文学的成就所在。

　　热爱她的读者在内心里爱上了这个文字性感的女人，卸下了厚厚的职场面具与微笑面具，唤醒了在都市中渐渐迷失的现代人的内心情怀。

"游于艺"和"痴于艺"

　　三毛说："在这辽阔的生活之海里，写作不过是百分之十的关照，其他的日子才是真真实实活着的滋味。我的书，从来没有请求知名人士写序的习惯，总是家人说一些话，就算数了。这样比较简单。"

　　虽然三毛并非如海明威那样刻意追求艺术上的突破，她只想写心中的所感，描述自己最熟悉的生活。她是抱着玩文学的态度来创作的，她不要作品中承载过大的主题，也不要让读者赞为深刻，因为晦涩不是她的风格，她想要的效果是老少皆宜。

　　三毛说自己的写作就是"玩"，也只是顺从自己的心愿去写，至于写出来有多少读者，会得到多少稿费，都不是她在意的，她的简单的快乐只是看着那些排版的铅字而已。

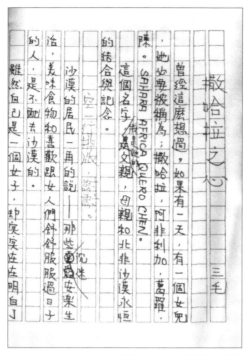

撒哈拉之心
三毛

曾經這麼想過，如果有一天，有一個女兒，她必要被稱為：撒哈拉，阿非利加，萬羅，陳。SAHARA AFRICA QUERO CHEN，這個名字紀念父親，母親和北非沙漠永恆的結合與記念。

空軍基地，謝謝。

沙漠的居民一再的說——那些重疊安樂生活，美味食物和喜歡跟女人們舒舒服服過日子的人，是不配去沙漠的。

雖然自己是一個女子，卻實實在在明白了

三毛手迹——三毛弟弟陈杰提供

　　她说："书，本来是为父母出的……书里写的，本来是给父母看的家信，是小学生写作文，让父母对那个从小让他们操心透顶的、如今又一个人游荡在外的孩子放心。"

　　三毛说："写作其实一点也不难，一开始的时候，尽可能踏踏实实地用字，不用写那种独白式的主题，写自己日常生活中所观察、所体验、所感动的真实人生。"正因为如此，她在《胆小鬼》中，平实地道出"我"偷钱后的心理变化过程，使人读后深受感动。《一个陌生人的死》中，"我"和英国太太的一般性对话，没有多余的交代，却看到了善与恶对比的分明。《大胡子与我》以朴实的语言，叙述了"我"和荷西婚后的家庭生活，表现了爱情的甜美……三毛信手拈来生活中的人和事，用她朴素无华的语言来描绘，好像与朋友拉家常。三毛的文章也正依靠她那不可模仿的风格，使她在台湾女性作家中凸显出来。

她在给父亲的一封信中谈到自己苦守孤灯，在发表的九十万字之外曾撕掉三四百万字。她说："表面看来我写得很浅近。在写时，若有一个难点的字，或是拗口的句子，我想到我的读者——自小学四年级到七十多岁的老先生、老太太们，就一定把难读的字或句子换掉，以一种较浅近的方法表达出来。"

撒哈拉魅力

三毛说："你不能要求我永远是沙漠里那个光芒万丈的女人……"但她的盛名的确是和撒哈拉沙漠连接在一起的。

很多人喜欢三毛笔下的撒哈拉，因为那里有艰苦条件下不朽的爱情。那时的三毛是个幸福的女人，过着快乐的日子，她一袭长裙，飞扬的长发，眼波间流转着灵动。在遥远的撒哈拉，住在坟场区的蜗居，有荷西相伴，开着自己"沙漠中饭店"，吃着叫作"雨"的菜，像一个君王，陶醉在她的沙漠城堡里。正是在《撒哈拉的故事》中，三毛开始变成一个无比美丽的女人。

在坟场区的家里，棺材外板经过荷西灵巧的双手，变成了家具；三毛拾回旧的汽车轮胎清洁干净，放在席子上，里面填上一个红布坐垫，像一个鸟巢；还有那些斜铺着美丽台布的饭桌、摆满书的书架、神秘老人那里买来的石像、角落里怒放的天堂鸟，甚至还有风灯、羊皮鼓、羊皮睡袋、皮风箱、水烟壶、彩色大床罩、奇形怪状的风沙聚合的石头……一所普通的阿雍小镇外的房子，一年后在三毛与荷西的手中变成了真正的艺术宫殿，朋友们都惊叹沙漠中的房子居然能像画报一样美丽。这是一种实实在在的幸福，而这期间的过程确是一种更大的幸福。

撒哈拉施展了它的魅力，而三毛用她的笔进行着动情动心的勾勒和描摹。

在撒哈拉的日子里，三毛与荷西装扮小小的蜗居；去海边偷看撒哈拉威女人的"春季大扫除"；在沙漠历险中经历生死考验；为了挣钱做"素人渔夫"。

她一直渴望爱，渴望幸福的婚姻，撒哈拉之所以有巨大的魅力，不仅仅因为那里的异域风情，也不仅仅因为那里的人文景观，更为重要的是那份荡气回肠的夫妻之爱。失去荷西之后，她没有停止过寻找，但状况却一直是迎接追逐，又抛弃追逐，因为再也没有一个男人可以成为她的荷西。

她说："我希望到厨房煮菜，希望共同品尝佳肴，然后依偎着谈天，携手散步。"这是多少个平凡或者不凡的女人的向往。只是，世间有很多事情，只能经历一次，一旦失去，就再也不能重来。

荷西变成了生命的永恒。

她迷失于那个本来属于文学的浪漫世界，她把生活当成了文学，又把文学当成了生活。那种"无须互相迁就，无须互相尊重，两个人就是一个人"的境界，其实一直是她精心构造的梦，但她沉浸在梦里不愿意醒来。

一个人的一生，总是在成长，任何人都不例外。

她太累了。

她在生前写给大陆的倪竹青叔叔的信中说她再也写不下去了。

她要以自己为"唯一"的素材来维持"撒哈拉魅力",从体力上和精力上已不胜负荷,在艺术上也做不到。

三毛的后"撒哈拉"时期的作品已经失去了原先的那份真诚和感动,重复着的逸闻趣事也都是浮光掠影而已。

她非常留恋撒哈拉的时光,她说:"在沙漠是一个人生,离开沙漠又是一个人生,有丈夫的时候是一个人生,现在我孀居的日子又是一个人生。对于过去我当然会怀念,因为我是一个人,我不能将我的人生用一把刀子将它分割开来,说这是我的少年时期、青年时期、中年时期。"

精心构筑的自恋天堂

三毛成了普通人的传奇,她的生活不再是她自己的,而变成了公众的,公众愿意通过阅读她的作品窥探她的人生,而不管她是否乐意。一旦他们发现生活中的三毛和她的作品中所写的三毛有差距

台湾皇冠版《三毛全集》

时，他们就会有所指责。

她穿牛仔裤、长发披肩、背着行囊、随时准备出发，那才是公众所要求的三毛。成了名人之后，必须更多暴露自己的隐私，把自己置于公众的视野中，而公众并不宽容她的瑕疵。他们期望这个女人像她作品中那个三毛一样完美，却忘记了她其实不过是一个叫"陈平"的女人，最多是她多了一个作家的名号而已。

她只用笔记录她在生命不同阶段的感悟和思考，失去和获得。平凡的柴米油盐的日子，和大家的生活是那么贴切，但却又那么不同，同样简单的生活，在她手中添加了许多色彩，一切仿佛活了起来，她走进了每个人的梦想世界。日子在她是生活，在别人眼中却看似奇迹。

小女人情调

三毛一直在说："其实，我是一个女人。"但人们只看到她是一个"作家"。

三毛作为一个作家，最美的地方恰恰是她文章中所表现出来的小女人情调。因为三毛在她的作品中变成了一个最美的女人。

如今随着三毛的作品集和一些回忆性的文集、纪念集的出版，我们可以全方位地读解那个叫三毛的女人了。

弥漫不尽的死亡意识

如果说流浪意识是将三毛和琼瑶等言情作家区别开来的重要特征，那么她许多散文中的死亡意识又使她与海明威这样的作家处于相似的写作境遇之中。

让我们一起去读她的那些充满了强烈死亡意识的作品：

> 其实人生的聚散本来在乎一念之间，不要说是活着分离，其实连死也不能隔绝彼此的爱，死只是进入另一层次的生活。（《归》）
>
> 我真愿意慢慢化作一个实实在在的乡下人，化作泥土，化作土地，因为生命的层层面貌只有这个最最贴近我的心。（《荒山之夜》）
>
> 我看着一张一张的过去，丢下大沓照片，颓然倒在地上，那种心情，好似一个死去的肉体，灵魂被领到望乡台上看他的亲人，一样怅然无奈。（《白手成家》）

三毛一直坚信人是有灵魂的，并相信生命是可以转移的。但这些对死亡的详尽、达观、诗意的描述，对死后灵魂的感性假想，并不是"三毛式"的熬药死亡意识的全部。"三毛式"的死亡意识里，还喜欢以死亡作为大喜大悲或结束或继续生命的唯一方式。

她的作品中有很多表述：

> 也是在这一个山区里，看过一次成群飞跃的野马，在长满着百合的原野上奔跑。那一幅刻骨铭心的美，看了剧痛，只想就在那一刻死去。（《夏日烟愁》）
>
> 前天中午，因为去南部的高速公路建好了，临时一高兴……心中酸甜苦辣什么滋味都掺在一起，真恨不得那样开到老死，虽是一个人，可也仍是好的。（《归》）

三毛在她高兴时，在她满足时，脑海中总是闪过死的念头，总是极喜欢以死来继续当前的生命状态。在她感到失意，感到悲伤时，死亡的阴影更是挥之不去地萦绕着她。

那篇《倾城》里。当一个年轻、英俊，与她互相倾慕的年轻军官，马上就要离她而去时，"风吹过来，反面吹过来，吹翻我的头发，他伸手轻拂了一下，将盖住的眼光再度与之交缠。反正是不想活了，不想活了，不想活了……""我伸手拉住他的袖子，呀，死好了，反正什么也没有，西柏林，对我又有什么意义。"

所以，有时候三毛对待死亡是如此的坦然：生命无所谓长短，无所谓快乐、哀愁，无所谓爱恨、得失……一切都要过去，像那些花，像那些流水。

在三毛的意识中，死是快乐的生命的转移，死是悲伤生活的终结。

作品里这种弥漫不尽的死亡意识，也影响了三毛的人生。

三毛文学之路感想

《稻草人手记》是三毛离开撒哈拉后的第一部作品集。有趣的是，收入的十三篇作品中，没有一篇是属于沙漠的。都是一些生活小品故事。《稻草人手记》是三毛沙漠文学时期分量最轻的一个集子。

小说散文集《哭泣的骆驼》，大致和《稻草人手记》创作时间相同。共收入九篇作品：《尘缘》《收魂记》《沙巴军曹》《搭车客》《哭泣的骆驼》《逍遥七岛游》《一个陌生人的死》《大胡子与我》《哑奴》。除代序外，其中五篇是沙漠故事，另三篇主要是海岛故事。

经过一段时间的沉淀，沙漠故事在三毛的笔下，不再失之浅白，或多或少地更丰富和深厚了一步。

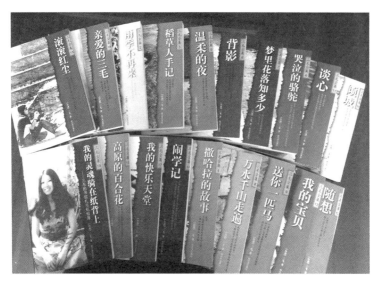

哈尔滨出版社《三毛全集》

哈尔滨出版社《三毛全集》

《温柔的夜》，是三毛沙漠文学时期出版的最后一部集子。

书中除《寂地》一篇为沙漠故事外，其他六篇均以海岛生活为题材：《五月花》《马德拉游记》作于大加纳利岛；《温柔的夜》《石头记》《相逢何必曾相识》《永远的马利亚》则成稿于 1978 年的丹娜丽芙岛。

《寂地》是迄今见到的三毛沙漠作品中的最后一篇。是关于三毛夫妇和朋友们在沙漠夜营、围着篝火谈鬼的故事。小说语言凝练细腻，想象丰富迷离，气氛神秘扣人，其情节和风格与屠格涅夫的名著《白净草原》极为相似。

文集中另一篇引人注目的作品是《五月花》。它是三毛反映海岛生活的不可多得的一篇力作。《五月花》采用日记体，详细地记叙了她和汉斯一个月的斗争。或许是文中素材，取自作家本人一段颇受刺激的亲身经历，这篇作品的心理发展把握得很有层次，情节的安排丝丝入扣，引人入胜。

在三毛一生丰富多彩的文学作品中，沙漠故事最为脍炙人口。小说《哭泣的骆驼》，则是其中最优秀的一篇。

故事发生在战云密布、三毛即将逃离撒哈拉最后的日子里。

驾驭如此重大的事件和纷繁情节，《哭泣的骆驼》无疑是出色的。它以倒叙开头，读者顿入悲剧气氛："我闭上了眼睛，巴西里、奥菲鲁阿、沙伊达他们的脸孔，荡漾着似笑非笑的表情，一波又一波地在我面前飘过。我跳了起来，开了灯，看看镜子里的自己，才一天工夫，已经舌燥唇干，双眼发肿，憔悴不堪了。"

主人公的陆续出场，都安排得恰到好处。奥菲鲁阿和沙伊达是在一场情斗的传说之后，在故事冲突中出现的。其后，节奏稍弛，三毛夫妇在一片诗意的血色黄昏中，与巴西里相识。接下去的情节发展越来越快，弦越绷越紧，直到沙伊达惨死，真如"银瓶乍破水浆迸"，小说在骆驼的悲鸣中结束。

人物的塑造无疑是成功的。尤其是沙伊达，着力最多。三毛用白描和衬托手法，描写初见沙伊达："灯光下，沙伊达的脸孔不知怎的散发着那么吓人的吸引力，她近乎象牙色的双颊上，衬着两个漆黑的深不见底的大眼睛，挺直的鼻子下面，是淡水色的一抹嘴唇，瘦削的线条，像一件无懈可击的塑像那么优美，目光无意识地转了一个角度，沉静地微笑着，就像一轮初升的明月，突然笼罩了一室的光华，众人不知不觉地失了神态，连我，也在那一瞬间，被她的光芒震得呆住了。"随后，沙伊达的形象逐渐丰满：高贵，超俗，对民族和爱情的忠诚，果敢，刚毅，淫威不屈。三毛对撒哈拉和撒哈拉威人抱有情感。她对沙伊达的诗一般的赞美，多少寄托了作家对她所深爱的这片土地和民族的理想。

小说的群像描写格外生动，如一群蒙昧的土著姑娘，横七竖八地坐在地上，诽谤沙伊达；如荷西同事们黑压压地挤在一起激动地讨论政局；如撒哈拉威人向联合国考察团请愿呐喊的场面，都写得活灵活现。

《哭泣的骆驼》，是三毛的巅峰之作。

《倾城》这个集子包括九篇作品：《胆小鬼》《炊兵》《匪兵甲和匪兵乙》《约会》《一生的爱》《紫衣》《蝴蝶的颜色》《倾城》《夏日烟愁》。随笔十一篇，即《说给自己听》《爱和信任》《简单》《什么都快乐》《天下本无事》《还给谁》《轨外的时间》《狼来了》《一定去海边》《他》《不负我心》等。作品大多取材于三毛童年、少年和青年时代的故事。那些美好的往事，构成了三毛生命最后几年的绚丽彩虹。九篇作品，都写得趣味盎然，真切细腻。她的文学功力，已经到了化境阶段。她像一名曾经沧桑的乐师，挑了些纯洁美妙的曲子，奏给那些有爱有信的人们听。

小说《倾城》是这个集子中，最引人瞩目的作品。她记述了作者在德国求学时期，发生的一段美丽感人的爱情故事。作品意境优美，充满诗意，表现了三毛较高的文学技巧和讲故事的才能，她的笔力杏雨随心。

小说《倾城》是三毛的文学作品中，也是中国文学爱情题材的作品中，不可多得的精品。

三毛的歌词创作

三毛写过为数不多的诗歌，主要成就是歌词创作。

1979 年，三毛回到台湾，为李泰祥作了九首歌词，其中一首《橄榄树》最为出名，后来写的均没有超过这一首的影响。

三毛创作的歌词大致如下：

《说时依旧》，林慧萍首唱，收于专辑《说时依旧》歌林唱片，1990 年 9 月。

《橄榄树》，齐豫首唱，收于专辑《橄榄树》新格唱片，1979 年 12 月。

《轨外》《谜》《七点钟》《飞》《晓梦蝴蝶》《沙漠》《今世》《孀》《说给自己听》《远方》《梦田》，齐豫、潘越云演唱，收于专辑《回声——三毛作品 15 号》滚石公司，1985 年。

三毛最为大家熟悉的歌词，就是李泰祥作曲，齐豫演唱的《橄榄树》。这首歌应该是中文流行音乐史上流传最广最久，也是最受欢迎的歌曲之一。

十月文艺出版社《三毛典藏全集》

　　这里有一个有趣的小故事，三毛是一个有西班牙情结的作家。所以，她在《橄榄树》第一版歌词里写道："为了天空飞翔的小鸟，为了小毛驴，为了西班牙的姑娘，为了西班牙的大眼睛。"

　　这样意象的组合在文学上是一种情致，可是在歌曲上可能就是一种令人错愕的排列。所以音乐人杨祖珺悄悄改了这段歌词。而这首《橄榄树》才有了我们今天传唱的样子。

　　三毛还出过一张专辑叫作《回声》，其实把它叫作专辑不如叫作三毛的音乐自传。里面既有《雨季不再来》的少女情怀，《哭泣的骆驼》中悲凉的救赎，当然也有《闹学记》里的随心所欲。

　　"回声是一种恫吓，它不停息地深入人心，要的不过是一个证明。"这十二首三毛亲笔写下的歌词，串联成一张完整的音乐传记，讲述了自己半生的故事。

广东旅游出版社《三毛作品集》

《台湾现当代作家研究资料汇编——三毛》

里面有一首歌，叫作《七点钟》，李宗盛作曲。为什么说现在我们都说李宗盛是大师呢，在面对着这样"任性"的歌词时，众多音乐人、制作人，莫衷一是。而当时还是小李的李宗盛却用自己的独特技巧，四两拨千斤。

可能是因为他不仅懂音乐，更懂女人吧。

专辑里的第一首歌叫作《轨外》，破题就是三毛温柔的口白："故事，还是得从我的少年时候说起……"

三拍的歌在开头显得尤为俏皮可爱。歌曲的中途，出现了一次变奏，整个基调随之沉重起来。这时我们才知道，三毛童年退学的经历在她的生命里造成了不可平复的断层。"小小的双手，怎么用力，也解不开，是个坏孩子的死结。"

《今世》是三毛写给荷西的歌词：

听不见狂吹的风沙里，

在说什么古老的故事。

那一年，那个三月，

又一次地老天荒。

花又开了，花开成海，

海又升起，让水淹没。

你来了来了，一场生生世世的约会。

我不再单独走过秋天，

不是跟你说过三次了吗？

我是你的天使，不在你身旁的时候，

不可以不可以，

跟永恒去拔河。

你忘了忘了忘了忘了，

那一次又一次水边的泪与盼，

你忘了岸边等你回家的女人。

日已尽，潮水已去，

皓月当空的夜晚，

交出了再不能看我，再不能说话的你。

同一条手帕擦你的血，湿我的泪，

要这样跟你血泪交融，

就这样，跟你血泪交融，

一如万年前的初夜。

"同一条手帕擦你的血，湿我的泪"，指的是荷西死后，三毛为荷西守灵，三毛握住荷西的手，对他讲："荷西，我还有双亲，暂不能跟你走，但你要勇敢往前走，走过黑暗的路，见到光，神就来接你，你不要怕。"三毛说着，荷西的双眼流出了血，三毛就用手帕擦荷西的血，也擦自己的泪。词中写的是纪实的文字。

　　三毛作词的一首《梦田》（翁孝良曲）：

　　　　每个人心里一亩　一亩田
　　　　每个人心里一个　一个梦
　　　　一颗呀一颗种子
　　　　是我心里的一亩田

　　　　用它来种什么
　　　　用它来种什么
　　　　种桃种李种春风
　　　　开尽梨花春又来

　　　　那是我心里一亩　一亩田
　　　　那是我心里一个不醒的梦

三毛的文学影响

　　三毛经典的流浪形象，以及寻求远方、渴望自由的论调，在大

文学史和有关三毛作品的部分选本

中国现代文学馆专设三毛作品专柜

《三毛研究》

陆引发几十年经久不息的热潮。

如果要给三毛文学定位，她是中国当代行走文学的先行者。三毛生前喜欢引用泰戈尔的一句诗："天空没有翅膀的痕迹，但鸟儿已飞过。"在许多颗心灵里，三毛却留下不灭的痕迹。

三毛的文学影响随着时间推进，尤其很多华人到西班牙主要是为了踏寻三毛的足迹，这引起了西班牙政府的重视。

据西班牙《世界报》报道，一直以来，三毛作品在中国以及东南亚广为流传，但在西方知之不多，这种情况十分"讽刺"。因为三毛生前拥有中国和西班牙双重国籍，且在西班牙成名。

三毛的西班牙语是在马德里学习的，三毛挚爱的荷西也是马德里人。

近年来，西班牙文学组织开始重视三毛。

西班牙PSD党的一个议员提出三毛对大加纳利岛旅游的重要性。她讲到中国游客到该岛来，不仅是为了大海蓝天，文化之旅比重更大，就是为了三毛。

知名组织鲁姆伯里团队购买了三毛作品英文版权。

2016 年 10 月 26 日，在中国舟山群岛，三毛的故乡定海，以三毛命名的首届"三毛散文奖"举行启动仪式，巧合的是同一天，三毛作品《撒哈拉的故事》西班牙文版首发。同时远在三毛成名地的西班牙推出文学名人邮票，其中唯一一位入选的亚洲作家是中国作家三毛。

2017 年 4 月 20 日，西班牙大加纳利岛三毛足迹旅游开发负责人玛丽·卡门女士，应邀出席了首届"三毛散文奖"颁奖典礼，介绍了三毛足迹项目开发情况。

西班牙董琳娜女士，有感于三毛的文学影响，十七岁发愿学习中文，翻译三毛作品，近年在中国读博士，学有所成，中文说得很棒。她已将三毛《撒哈拉的故事》《温柔的夜》等三部作品译成西班牙文。

董琳娜女士曾对我说，三毛有双重国籍，将三毛作品译成西班牙文，就是让三毛作品"回家"。

据三毛弟弟陈杰先生介绍："在 2016 年 10 月'三毛散文奖'启动的同时，台湾文学馆以近九十年来三百多位台湾重要的作家中选取了一百位，为他们的生平、年表、文章作研究和评论，每一位作家出一本研究资料汇编，而三毛也被选为其中的一位作家（'台湾现当代作家研究资料汇编'丛书推出《三毛》专集，由台湾文学馆出版）。另外，除中文的繁体字、简体字版以外，在世界文坛上，三毛的作品《撒哈拉的故事》早在 1979 年就被国际上著名的出版社'读者文摘'（Reader's Digest）翻译成十五国的语言，其后陆续有日文版、韩文版、西班牙文版及加泰罗尼亚文版书籍出版，在 2017 年和 2019 年还有英文版、荷兰文版、挪威版出版。一位作家在过世二十多年后，她的作品在华人以外的世界再次为国际文坛所看重，为中国人在世界的文学作品中争得一席之地，这实在是一件令人高兴并值得赞赏的事。"

首届"三毛散文奖"评委、三毛研究会专家委员会主任来其在《三毛散文奖和首届获奖作品》（评论）一文中写道：

> 三毛在中国文学史中的地位，如果用一句话来概括，那就是"流行中的经典"。特别是她的行走文学作品，就是放在中国文学著作的长廊，也是比较少见的。行走文学在中国自古有之，那篇被贺知章誉为"惊风雨，泣鬼神"的李白《蜀道难》，把千里蜀道的景物与历史神话融为一体，写尽了蜀道奇险、壮丽、强悍、恢宏、不可凌越的磅礴气势，可谓中国古代行走文学之经典。还有《徐霞客游记》，记录了作者三十四年旅行中对地理、水文、地质、植物等观察所得，篇幅之宏大，内容之丰富，摹景叙事抒情之独到，可以说是中国游记的巅峰之作。但若以从行走中体悟人生况味、看尽尘世涛浪而言，中国的行走文学则要数三毛创造出极致了，她的作品可以说是中国行走文学创作的又一个高峰。

> 永远的三毛！永远的传奇！永远的撒哈拉！

第四章

三毛的

情感世界

三毛认为，人生不过是一场情缘。

那么，情是什么？

在三毛看来。主要包括：儿女之情、父母亲情、爱情。

三毛的一生，也是纠结于爱情的一生。

爱情带给三毛无数次的疼痛与折磨，三毛历尽情劫。天意弄人，在短暂的一生里，三毛一直渴望爱情，可是真正拥有的爱情如此短暂。

三毛的朦胧之情，萌发于小学时代。她在学校扮演话剧《牛伯伯打游击》中的匪兵乙，对扮演匪兵甲的光头男生萌动了感情。每天夜晚，她在自己的卧房里默祷，祈求上帝允许她将来做匪兵甲的妻子。

在台北市立第一女子中学，占据她心灵的，是西班牙画家毕加索。那是一桩比单恋匪兵甲，更富想象力、更没有希望的爱情。

三毛十九岁入台北华冈文化大学当选读生。人生第一次恋情对象是文化大学戏剧系高三毛一届的梁光明（舒凡）。她的初恋，轰轰烈烈。她追求爱情，近乎痴狂，把人家死缠烂打苦爱。这场爱情，以三毛失恋告终。

父亲陈嗣庆是那个苦难选择的见证人。他回忆说："三毛把人家烂打苦爱，双方都很受折磨，她放弃的原因是：不能缠死对方。而如果再住台湾，情难自禁，还是走吧。"

直到临别的最后一个晚上，三毛还是不死心。在房间里，两人顶着膝盖，面对面地坐着相望。三毛再一次告诉梁光明："如果你告诉我一个未来的话，机票和护照我都可以放弃。责任由我自己来承担，我向爸爸、妈妈去道歉，只要你告诉我一个未来。"

无可奈何的是：她求出了梁光明的眼泪，却没有从他紧咬的口中求出一个"未来"。

台湾情场失意的三毛，在马德里，却成了骄傲的东方公主。女生宿舍的窗下，每当月夜，总有男生的情歌队，在树下弹唱。而最后一首压轴歌，总是指名献给Echo（三毛英文名），那个东方姑娘的。

热情撩人的西班牙，治愈了三毛初恋的创伤。

到了西班牙，三毛进了马德里大学文哲学院。西班牙人荷西恋上三毛，当时荷西只十八岁，而三毛已经二十四岁。

这一回，失恋的是荷西。

离开西班牙，在德国、美国，三毛都不乏追求者。他们中有同班的日本阔少，有德国外交官，也有中国留学博士。

先是同班的日本阔少对三毛的追求。三毛和荷西分手后，交了不少的男朋友。

有一个同班日本男同学，他家在马德里开了一家豪华的日本餐馆。日本同学的求爱办法，与荷西大不相同，他用的是不屈不挠的鲜花攻势。

每天清晨，他都很虔诚地送来一大束鲜花。三毛的宿舍成了美丽的花房。宿舍里的女友无不艳羡。她们对这个富有的"表弟"十分满意。她们不用花一个子儿，白白地分享了那满屋的芳馨。

终于有一天，三毛明白了，鲜花、巧克力、糖果等种种礼物，确实不是无缘无故的。日本男同学鼓起了勇气，向三毛亮出了求婚的底牌，在这之前，三毛虽然有点感觉，但鲜花、巧克力和各种糖果实在是好东西，诱惑力太大，就迷迷糊糊地接受疼爱罢了。

日本男同学的订婚礼物更不凡，是一辆崭新的汽车。看到这么贵重的东西，三毛从迷糊之中清醒过来。她知道，这下子可不是闹着玩的了。

静夜里三毛认真地想了一下。很遗憾，她发现自己虽然吃了不少日本同学的东西，心中却没有生长属于他的爱情。

第二天，两人开车到马德里郊外。在美丽的树林里开始摊牌。拿了人家的，吃了人家的，三毛心虚得很。她实在没有勇气把"不"字说出来。无可奈何间，居然不知不觉地流下泪来。那位可怜的求爱者，慌了手脚。他以为自己做错了什么，赶紧道歉，连声说："不嫁没关系、不嫁没关系"，慌不迭地收回了求婚的念头。

在马德里，三毛交了一位德国男朋友。

毕业在即，三毛决定去男友的故乡——德国，在那里继续学习。

三个月后，她飞到了西柏林。

她的德国男友实现了外交官的理想，进了德国外交部任职。他愉快地拉着情人三毛的手，到百货公司买结婚礼品。他问三毛，可以买一条双人床单吗？三毛摇了摇头，她一点也没有犹豫。

从商场出来，男友请三毛吃饭。三毛埋头吃着，一抬头，发现男友泪流满面。

一年后，三毛和男友道别，独自飞往美国。然而，这位外交官

三毛自画像

是个痴情的男人，他一直等了她二十多年。

还有一段美丽得没有结果的爱情。

那是1969年的冬天。因为一场考试砸了，三毛被男友数落了一顿。一气之下，她决定逃学一次。她把书包埋在雪里，到东柏林办理签证，准备过几天穿过东德，在东德的朋友家过圣诞节。来到柏林墙边，她由于持台湾护照被拒之门外。这时，奇遇出现了。

好像是飘过来的一般，三毛的面前突然出现了一位英俊的东德军官。他很温柔地问她，碰到了什么不顺心的事情。然后，热情地带着她，办临时签证，拍快照，出关。那军官英俊逼人，特别是有一双感人的燃烧的大眼睛。

出了关，三毛与他道别。她忽然发现，自己那颗孤零零的心，已经掉入了那双叫人落水的大眼睛里。

在东柏林，三毛办好签证，从另一个关卡出去。意想不到的是，那双叫人落水的大眼睛，特意来到这里，默默地等着她。

军官把她送到车站。两人在隆冬的暮色里，静静地相望。他们不说话，唯恐惊扰了雪地的宁静。列车一辆辆地轰鸣而过，三毛不肯上车，也看不到车厢。直到最后一班车驶来，三毛突然哽咽起来，不忍离别。军官硬着心肠，把她推上了车。

这段美丽的没有结果的爱情，三毛在心底里珍藏了一生一世。

在美国，拒绝化学博士的爱。

三毛的爱情虽然在台北碰得头破血流，但到了国外三毛却成了骄傲的东方公主。追求者信手拈来。夜夜情歌和一日倾城的事，可谓屡见不鲜。在西班牙，她拒绝了荷西和日本同学的求婚；在德国，又伤了相恋两年的外交官的心。如今到了美国，她又不得不打出一副伤心牌。

这回追求她的是一个中国同胞，堂哥的好朋友。他也在伊利诺斯大学，读化学博士。

那博士受了堂哥的重托，照顾好他的堂妹。他尽心尽责，对三毛关怀备至。

"每天中午休息时间,总是堂哥的好同学准时送来一个纸口袋,里面放着一块丰富的三明治、一只白水煮蛋、一枚水果。"

博士天天殷勤照料，从不嫌烦。即使是堂哥亲自伺候，恐怕也不过如此。

送到后来，博士找机会向三毛表白心中的悲伤。他问三毛："现在我照顾你，等哪一年你肯开始下厨房煮饭给我和我们的孩子吃呢？"

三毛是个聪明的姑娘。"煮饭"后面的意思，她听得明明白白。三年前，荷西求婚，也是要她"煮饭"，不过是一个直率，一个委婉罢了。

博士的攻势温文尔雅，但一边助攻的堂哥，却坦率猛烈得多了。那堂哥一心要做月下老。他不止一次地打长途过来，历数博士品质如何方正，为人如何诚恳，办事如何踏实，学业如何优秀。总而言之，要是错过这个好人，堂妹你是要后悔一辈子的。三毛听罢流下了热泪。然而，她还是不想给博士"煮饭"。

三毛拒绝博士的求爱，返回台湾。

情伤台北。

三毛回到台湾，她想不到，等着她的是第二次伤心的爱情。

三毛跟一个台北某大学四十多岁的德国籍教授建立恋爱关系并且接受了对方的求婚。可惜命运捉弄人，结婚前夕，未婚夫心脏病病发猝死。

即将做新娘的三毛痛不欲生。在一个朋友家里，她吞了大量的安眠药。万念俱灰，只求一死。这是三毛第二次自杀。

她又想起了西班牙——那个曾经治愈了她爱情创伤的地方。

在台湾时，三毛和荷西分别已近六年。六年中，两个伤离的朋友，不通音信。一天，三毛赋闲在家，一位西班牙朋友突然来访。寒暄之后，那朋友就切入正题。他说："三毛，你还记得西班牙，有一个名叫 José María Quero Y Ruíz 的人吗？这个人托我带了一封信来。他说，如果 Echo 已经把他忘记了，就不要给她看了。"三毛答，没有忘，就把信接了过来。三毛打开信，一张照片从信里落了下来。

照片上是荷西。一个健壮魁梧的男子，穿着泳裤，在海滩上抓鱼。身后，是一片蔚蓝色的大海。当年，那位紧张得捏着法国帽的少年，

三毛与荷西

变成了一个大胡子的英俊的男子汉。

三毛对着照片仔细端详,脱口而出:"这是希腊神话里的海神嘛!"

荷西的信上写着:"过了这么多年,也许你已经忘记了西班牙文。可是我要告诉你一个秘密,在我十八岁那个下雪的晚上,你告诉我,你不再见我了,你知道那个少年伏枕流了一夜的泪,想要自杀?这么多年来,你还记得我吗?和你约的期限是六年。"六年已逝,爱情难绝。荷西是一个痴情的海神。

然而,Echo 这个森林女神,恋的却不是这位海神。三毛把信放到一边,没有回信。她让送信的朋友捎去谢意。六年之约,三毛当年并没有应承下来,她觉得不能守这个诺。

但生命中的奇缘，自有定数。

三毛再赴西班牙，荷西已长成了一位美男子。荷西对三毛的爱情不渝，用一颗金子做的心，交换三毛那颗破碎的心。

三毛幸福地说："我愿意告诉各位朋友，尤其是女孩子——婚姻是人生最幸福的事。"

1979年，结婚六年后，荷西在潜水时不幸去世。

三毛的一生有不少喜欢她的男人。

一位已婚的男友常到三毛家来，在温柔的暮色里，陪三毛散步海滩。有一次男友动情地回忆起初见她的情景：白色棉布裙，普通凉鞋，款款步入珠光宝气的酒会时，如同吹来一股清新的风。最后，他终于向三毛求婚。他说，他愿意放弃所有的财产，和妻子离婚。三毛无语。

三毛曾经说过，我不喜欢，千万富翁也不嫁，只要我喜欢，千万富翁也嫁。

三毛一直孀居。尽管有过几次情缘，与希腊美男子亚兰一见倾心；大相思树下，与男友米盖做十年后同居之约；还有一个外交官的求爱，等等。

但真正爱情已死，梦里梦外，覆水不再。

三毛姐姐陈田心回忆三毛时说起：一个外交官喜欢三毛，家人认为三毛也应再成个家。但三毛对姐姐说："我做外交官的太太，要陪着参加宴会，还是原来的我吗？"

还有一个喜欢三毛的男子，多次向三毛求爱，一次三毛生气了，把他拉到荷西像前，说："你看看，你哪一点像他？"搞得这男人很没趣。

这个世界上只有两个人：男人和女人。

男人与女人相识相处自然有各种故事，男人与女人没有故事，这人间便太单调了。而三毛的故事则很多。

中国大陆，三毛与西北民歌作曲家王洛宾的交往，被认为是爱上王洛宾。其实不能一概而论，这件事有一些独特因素。

当时三毛因病痛和写作的劳累，失忆过一段时间，从精神层面分析，三毛患有抑郁症，其实是一个病人。她对王洛宾的情感，是爱心大于所谓爱情。三毛认识王洛宾老人，是一种心灵上的惺惺相惜。

三毛生前最后几年，多次来大陆游历，并说过想在大陆安个家。

还有一个人，叫李柯。1979 年来到中国，先后在台湾、香港、上海、北京等地电视台做节目主持人，二十世纪八十年代，李柯第一次见到三毛，两人曾有交往过。有人认为这是三毛最后一次爱恋。详情不得而知。也许，三毛与李柯之间，是比友情多一点，比爱情少一点的情感。

如果说对于友情，三毛是付出了十足真心的；那么对于爱情，她又何尝不是像飞蛾扑火般地去一试二尝三醉呢！

三毛的一生，爱过，失恋过，拒绝过，她与荷西结合，没有生下孩子，其实三毛是喜欢孩子的。

荷西之后，爱情已死，三毛没有再婚。

对弈的人走了，三毛已不在乎红尘中的一局残棋。

三毛没有儿女，临终前，她幻想能拥有一大群活蹦乱跳的孩子，至死遗憾。

三毛的情感世界很丰富，除了爱情历程所展现的眼泪、欢笑、挫折、孤独以及一份爱的坚守，三毛在亲情、友情天地，亦是付出爱心、真心与感恩之心。

三毛是懂得感恩的人。恩重如山的那段师谊，三毛永远铭记。

三毛翻译好友丁松青的《清泉故事》

十年后的 1971 年，三毛在美国伊利诺斯大学。她听说顾福生来到芝加哥，便冒着大雪，赶火车去看他，深夜下车，住进旅馆，三毛望着窗外的鹅毛大雪，突然犹豫起来。一别十载，事业无成，爱情也没有着落。一阵自我惭愧袭来，三毛改变了主意。天亮，她又乘上火车，默默地离开了飘雪的芝加哥。

再过十年，1982 年春天，她敲开了顾福生在台北的家门。拜见老师，叙旧话新。那时，三毛的名字和她的《撒哈拉的故事》，已经家喻户晓。

三毛很早读徐訏的作品，成名后拜了老作家徐訏为干爸。

徐訏出生于 1909 年，1980 年去世，中国知名作家。早在二十世纪三十年代，就有《鬼恋》《江湖行》《吉普赛的诱惑》《风萧萧》等著作。

其中，《风萧萧》是三毛在小学时代所读的平生第一本中国长篇小说。

他们在一场饭局中相识。徐老先生激动地脱口说出要认三毛为干女儿。

三毛是个机灵人，当即顺水推舟，给徐訏行了女儿礼，拜了干爸。

认了干爸后，三毛做的第一件事，就是跑遍了香港的书店，搜罗徐先生的作品。她抱了大捆的徐著直奔徐家。老先生见了高兴得不得了。这一来二往，两人结下了很深的父女情。

三毛离开台湾后，不久，徐訏也去了巴黎。老人珍爱这一份亲情。常常写信给她，总是埋怨干女儿不给他回信。1980 年老人去世，三毛非常悲痛。

那时，荷西刚丧生不久。她也把干爸的照片摆在荷西照片的旁边，作为永远的怀念。

三毛

　　三毛和丁松青的友谊也值得一说。三毛和丁松青1971年相识，那时，三毛留学第一次回台。她去台湾东海岸兰屿岛旅游，偶然与丁松青相遇，当时丁松青是当地土著雅美人的小学教师。熟稔英文又青春活泼的三毛，给这位美国男子留下了难忘的印象。

　　1981年，已经孀居的三毛回到台北，打听到丁松青的下落。这时，丁松青已成了一名神父，在台湾竹东山地清泉教堂当主持，三毛到清泉来看故人，丁神父喜出望外，还交给她一本他写的关于兰屿岛雅美人生活的著作。三毛把它译成《兰屿之歌》一书出版。该书非常畅销，纸贵一时，突破三十万本大关。三毛和丁松青便将可观的稿费，捐给了台东圣母医院——一家为雅美人服务的医院。

三毛是个基督徒，常常找神父谈心。她说：在台湾，丁松青是掌握她秘密最多的人。

丁松青和三毛合作第二本书《清泉故事》之后，第三本《刹那时光》又交到了三毛手里。

《刹那时光》是丁神父三本书中最出色的一本，三毛翻译也最费心血。

目前，大陆已出版了三毛的三本译作（实合为两本）。

三毛与古龙交往很有意思。有一次，几个文友到古龙家去聊天，在座的也有三毛。当晚，三毛穿着露肩的衣服，雪白的肌肤，看得倪匡和古龙都忍不住，偷偷地跑到她身后，"一二三"，两人一齐在三毛左右肩各咬一口。可爱的三毛哈哈大笑。

另外。三毛与台湾文艺界琼瑶、林青霞等均有交往，尤其是与琼瑶，留下了女作家之间友谊的佳话。林青霞写过一篇《三毛去世后我曾与她三次"相遇"》。

三毛走了，把无数的真情，留在了人间。

第五章

三毛的
大陆深情

三毛一生爱国爱乡，她是台湾第一个把中华人民共和国国歌——《义勇军进行曲》公开唱出来的人。

1985 年 7 月的一天，在台北一场有几千人参与的演讲会上，三毛问大家："你们知道中华人民共和国国歌名字叫什么？"下面有的回答说："不知道。"

三毛接着说："我告诉大家，中华人民共和国国歌名字叫《义勇军进行曲》。"

三毛又问："你们会唱吗？"下面一片沉默。

这时，三毛大胆地说："我唱给大家听。"

在台湾威权时代的背景下，很多人为三毛捏了一把汗。认为三毛此举就算不导致"人间蒸发"，也会成为被禁言的政治牺牲品。但令人没想到的是，如此"大逆不道"，三毛最终却安然无恙。

三毛很早就说过"两岸不能再分离了"。

我的故乡在远方，

为什么流浪？

流浪远方？

……

这是三毛心头一直解不开的结，也是三毛的一个长长的梦。

六岁那年，她随父母离开了大陆，开始了长达四十多年的流浪。

> 我流的不是其他民族的血液，我所关心的仍是自己的同
> 胞和国家。
>
> ——《万山千山走遍》

> 当我们离开了自己的国家时，请不要忘了，我们只有一
> 个共同的名字——中国人。
>
> ——《西方不识相》

但是，她却一直在流浪。

她要寻根，要归根，要回到那魂牵梦绕日思夜念的故乡，回到
亲爱的祖国。

圆梦的这一天终于来到了。

1989 年 4 月 5 日晚。上海虹桥机场。

三毛匆匆走下飞机，心在激烈地跳，泪在不住地流。

1988 年春，陈嗣庆当年在南京的老同事倪竹青先生，从浙江舟山捎
信到台北，问讯陈嗣庆。三毛为之大为兴奋，很高兴地代父回信。她在
信中告诉倪叔叔：她将于翌年返回大陆，代表父亲看望故乡亲友。

6 月 20 日，她又联系在湖南《长沙日报》工作的外甥女袁志群，
给《三毛流浪记》的作者、著名老漫画家张乐平带去一封信，信中说：
"乐平先生：我切望这封信能够平安转达您的手中，在我三岁的时候，

我看了今生第一本书，就是您的大作《三毛流浪记》。后来等到我长大了，也开始写书，就以'三毛'为笔名，作为您创造的那个'三毛'的纪念。"

"在我的生命中，是您的书，使得我今生今世成了一心爱着小人物故事的人，谢谢您给了我一个丰富的童年。"

八十多岁的张乐平先生，当时正患帕金森综合征，住在上海东海医院疗养。收到这封意外的信，便口述了一封回信，还用病得颤巍巍的手，一笔一歇，艰难地画了一幅三毛像，赠给三毛。

双方通信频繁起来。到了第三封信，三毛的感情升温，称张乐平为"爸爸"，并说："三毛不认三毛的爸爸，认谁做爸爸？"附了照片一张，背面写上："你的另一个货真价实的女儿。"张乐平也动了感情，他对人说："能在晚年认上这个'女儿'，应该是我一生中的一件快事了。我多子女，四男三女，正好排成七个音符。这一回，三毛再排上去，是个'1'，是我家的'女高音'。"

1989年，三毛首次返回大陆。她的主要目的有两个：一是看望"爸爸"张乐平；二是到浙江舟山故乡和苏州探亲。

4月5日，三毛和张乐平在香港工作的四儿子张慰军，同机走下了薄暮中的上海虹桥机场。上了车，直驶徐家汇五原路的张乐平家。

老画家张乐平拄着拐杖，站在家门前，抱病在寒风中迎接。

三毛一进弄堂口，就抱住张乐平，泣不成声地喊："爹爹，我回来了。"

三毛送给"爸爸"的礼物，是她的新作《我的宝贝》。张乐平送给三毛的则是她来信中要的一套涤卡中山装。三毛很喜欢这种在大陆已经过了时的服装。她到哪里也不会忘记，收藏"三毛味"的东西。

她在张家住了五天。春夜谈心；白天去逛龙华寺，还去了大观

在中国大地行走

园和周庄。中午，张家的人都午睡的时候，她一个人溜到五原路农贸市场闲逛，看到一间小理发店，也进去光顾一番；三毛玩得很开心，在龙华寺公园童心大发，和一群小女孩跳起了皮筋。

短短五日，她和张家结下了很深的情缘，她对记者说："我原来一直有一点困惑，为什么一个姓陈，一个姓张，完全不相干的两个人，又隔了四十年的沧桑，竟会这样接近和沟通。现在我明白了。我和爸爸在艺术精神与人生态度、品味上有许多相似之处，所以才能相知相亲，不仅能成父女，还是朋友、知己。有这样的爸爸，这样的家庭，我感到幸福。"

张乐平对这个由漫画结缘的女儿也颇感投缘："她的性格、脾气、爱好像谁呢？看她那多情、乐观、倔强、好胜、豪爽而又有正义感，有时又显出几分孩子气，这倒真是我笔下的三毛。"

张先生认为，此三毛与彼三毛秉性相同。五天后，父女道别，张乐平嘱咐三毛："世事艰险，你要保重！女儿离开了父母，就靠自己了。"三毛听罢，潸然泪下。

1989 年 4 月下旬，三毛来故乡舟山探亲时，接受徐博龙采访，三毛还欣然为《中国城市导报》题词："中国城市导报读者，同胞手足，相亲相爱。"落款：

三毛，1989 年 4 月 24 日，中国。

在故乡浙江舟山，三毛的首次大陆之行，达到了高潮。

一年以后，1990 年 4 月，三毛第二次返回大陆。

与第一次轰轰烈烈相反，这一次她潜行匿迹，尽量回避记者。她到了北京等一些北方地区，参加由她编剧的电影《滚滚红尘》的摄制录音。跟着摄制组摸爬滚打。

大概是因为这次没有跑够，三毛便于同年秋天，开始了她的第三次大陆之行，这也是她最后一次回大陆。

三毛的旅行计划，可谓雄心勃勃。她的路线是：广州——西安——兰州——敦煌——乌鲁木齐——天山——喀什——成都——拉萨——重庆——武汉——上海——杭州。足履丝绸之路，情驻巴山蜀水，登世界屋脊，览浩浩长江。她要把祖国游个够。

1990 年 9 月，三毛开启了飞往大陆的旅途。

三毛到大陆后，从广州飞至西北，游览了古都西安和甘肃省府兰州。

随后，出了嘉峪关，来到了大西北那春风不度的地方。

大西北天高地阔，苍苍茫茫，唤起了三毛昔日在撒哈拉沙漠时期的情感。

三毛发现，她开始了另一种爱情——对于大西北的土地，这片没有花朵的荒原的爱情。

三毛把东西放在座位上，走下旅游车，情不自禁地向寸草不生的荒原奔去："在那接近零度的空气里，生命又开始了它的悸动，灵魂苏醒的滋味，接近喜极而泣，又想尖叫起来。"

莽莽西北是中华民族的发源生长之地。如果三毛把它称为"前世乡愁"，恐怕比北非的撒哈拉更为贴切些吧！

脱身台北红尘，置身在祖国的西北高原，三毛有一种松了绑的感觉。她喜欢这样，天和地宽宽大大、厚厚实实地把她接纳下来。高原上，吹着坦坦荡荡的野风，三毛一阵阵惊喜。

三毛神往的地方是敦煌。去敦煌的路上，她结识了一位在莫高窟从事研究工作的旅伴，名字叫"伟文"的年轻人。

伟文是三毛的热心读者。三毛便请他帮忙，能在莫高窟的一个洞穴里，一个人静静地待上一会儿。到了敦煌，伟文为她实现了这个愿望。

三毛独自进了一个洞窟。她一下子，就跌入了境界里："我打开了手电棒，昏黄的光圈下，出现了环绕七佛的飞天、舞乐、天龙八部、胁侍眷属。我看到了画中灯火辉煌、歌舞蹁跹、繁华升平、管弦丝竹、宝池荡漾——壁画开始流转起来，视线里出现了另一组好比幻灯片打在墙上的交叠画面——一个穿着绿色学生制服的女孩正坐在床沿自杀，她左腕和睡袍上的鲜血叠到壁画上的人身上去——那个少女一直长大一直长大并没有死。她的一生电影一般在墙上流过，紧紧交缠在画中那个繁花似锦的世界中，最后它们流到我身上来，满布了我白色的外套。我吓得熄了光。"

"我没有病"，三毛对自己说，"心理学的书上讲过，人，碰到极大冲击的时候，很自然的会把自己的一生，从头算起。在这世界上，当我面对这巨大而神秘——属于我的生命的密码时，这种强烈反应是自然的。我仆伏在弥勒菩萨巨大的塑像前，对菩萨说：敦煌百姓在古老的传说和信仰里，认为，只有住在兜率天宫里的您——下生人间，天下才能太平。是不是？我仰望菩萨的面容，用不着手电筒了，菩萨脸上大放光明灿烂、眼神无比慈爱，我感应到菩萨将左手移到我的头上来轻轻抚过。"

菩萨微笑，问："你哭什么？"

三毛说："苦海无边。"

菩萨又说："你悟了吗？"

三毛不能回答，一时间热泪狂流出来。

三毛在弥勒菩萨的脚上哀哀痛哭不肯起身。

又听见说："不肯走，就来吧。"

三毛说："好。"

这时候，心里的尘埃被冲洗得干干净净，三毛跪在光光亮亮的洞里，再没有了激动的情绪。多久的时间过去了，她不知道。

"请菩萨安排，感动研究所，让我留下来做一个扫洞子的人。"三毛说。菩萨叹了口气："不在这里。你去人群里再过过，不要拒绝他们。放心放心，再有你回来的时候。"三毛又趺坐了一会儿。

菩萨说："来了就好。现在去吧。"

从洞里走出来，三毛有一种看破红尘、人生已尽的感觉。黄昏，她在大泉河畔的白杨树下散步，慢慢踱上了一个黄土山坡。坡上坐着三个蓝衣老婆婆，口中念念有词："南无阿弥陀佛——南无阿弥陀佛——南无阿弥陀佛——"三毛登上了山坡，沙漠瀚海如诗如画如泣如诉一般的在她脚下展开，直到天的尽头。

三毛一脸庄重，告诉身边的伟文，她死后想葬在这个山坡上："要是有那么一天，我活着不能回来，灰也是要回来的。伟文，记住了，这也是我埋骨的地方，那时候你得帮帮忙。"

三毛在做这番嘱咐的时候，那三个蓝衣老婆婆，依然一面念着"南无阿弥陀佛"，一面拍着膝盖。坦坦荡荡的风，将她们如诉的梵音送了过来。

三毛写下《敦煌记》，记下敦煌之行的感受。

辞别伟文，过天山，过喀什，三毛又一次来到乌鲁木齐。乌鲁木齐有一个不能忘怀的人——王洛宾。《达坂城的姑娘》《在那遥远的地方》的曲作者，一位饱经沧桑的老人……

重庆是三毛的出生地。她与这片土地有着因缘。

三毛在成都，不再像定海之行那样戏剧化，前呼后拥，大悲大喜。

她恢复了以往的旅行习惯，背着简单的行囊，在寻常街巷里逛悠："喜欢走小街，穿僻巷，看看古老的四合院建筑，听听乡音浓重的老太太们坐在屋檐下摆家常，瞧瞧小娃娃们趴在地上弹玻璃珠、拍烟纸盒。"

布衣旅行使三毛轻松了许多，走渴了进茶馆喝一碗盖碗茶，热了就干脆脱掉鞋袜，靠在墙上，光它一会儿脚丫。她爱学四川方言，什么"里过来""火门"等口语，她说得很上瘾，而且现炒现卖。

三毛这次对成都之行，按捺不住兴奋，主动邀请记者座谈。她对记者说："成都是一块与众不同的温柔之地。城市有气派、整洁。我在这里第一次吃到那么多的好菜，这里的百姓文化素质高，待人真诚，热情。我很喜欢这里。"兴头所至，冒出一句，"如果再婚，我一定要嫁一个中国大陆上的中国人。"记者们开心鼓掌。一个聪明的记者问三毛，您嫁到成都好不好？她笑答："那就要看缘分啰！"

三毛离开锦江饭店，作别蓉城的时候，饭店请她留言。三毛写道："不肯去，不肯去。"

依恋之情跃然于纸上。

从成都出发，三毛乘车直驶世界屋脊——青藏高原。在稀薄的空气里，西藏的太阳，像镜子一般明亮，高原之城拉萨，更显得巍峨壮丽。

从布达拉宫出来，三毛的身体又遇到了麻烦。

高原反应，印第安人称"索诺奇"，三毛在南美没少领教过它的苦头。

这次大陆之行，她在过天山时犯了一次；这回在拉萨，她竟突然昏厥倒在市区的路上。

三毛被送进了解放军拉萨总医院。身体康复后，三毛不敢再造次，不得不返回成都。

三毛对这次犯病的小插曲，颇有点因祸得福的庆幸。因为她有一段与一般台胞旅游者不同的经历——在解放军医院，接受解放军的治疗。她不无得意地称自己"还去了旅游者不能去的地方"。

之后，自成都去了重庆。47年前，三毛就出生在这个城市一个名叫黄桷垭的地方。到了重庆，三毛的四川话已经讲得颇为地道了。

在重庆，她还找到了当年父亲工作的原址——抗战时期著名的美平大楼（现为银行）。她拍下一张照片，好带回去送给父亲。

短暂逗留后，三毛登上江轮，开始了她的长江之旅。

在缓缓行进的江轮上，三毛看见了她倾心已久的三峡。

三毛有她的游览习惯：沿途几乎所有的小站，她都要下船逛上一会儿。

到了小三峡，她换乘下一班船到宜昌，然后再往上走。游客们大多喜欢在山下，仰头端望风景。三毛却弃了船，爬上山去鸟瞰，把那"两岸猿声啼不住，轻舟已过万重山"的意境，体会个够。她改乘了一辆车，到了西陵峡，沿江步行到巴陵峡，访问那里的乡村小学，考察那里的民间风情。接着马不停蹄，夜奔武汉，去谒见黄鹤已去、白云悠悠的黄鹤楼。

辞别黄鹤楼，三毛飞往上海。正是1990年中秋节，她与"爸爸"张乐平一家团聚。

三毛一生最后一个中秋节。那一夜，黄浦江上的明月格外的圆。

三毛一如张家的女儿。一进门，张乐平夫人冯雏音正在午睡。她很亲热地将"妈妈"吻醒，然后一同去医院看望张乐平。她轻轻将"爸爸"扶上轮椅推回家，一起过中秋节。

多少沾有拉丁人热情的三毛，打破了张家一向的宁静。她的嘴闲不住，谈上海毛线便宜，谈台湾名人秘史，谈拍电影《滚滚红尘》，谈骗子冒"三毛"之名骗钱。还展出一路购买的东西大献其宝。老两口一脸乐呵呵，他们喜欢这个热热闹闹的女儿。

一家人团聚融融。俨如亲女的三毛不时开点乐天的玩笑。张乐平心情高兴，病情也有了好转，手不抖了，便又提笔画画。画着，老人的鼻涕拖了出来，三毛赶紧过来给他擦，四儿子张慰军觉得此景很妙，端出照相机要抢镜头，可惜鼻涕已经擦完。三毛便一本正经地轻轻拍打着"爸爸"说："您就再拖两条吧！"

张乐平是位幽默大师，和这位幽默的女儿在一起，兴致很高。他拒绝回医院，并且大开酒戒，喝起了"花雕"酒。

团圆夜一过，三毛和张乐平一家告别，回到台北。他们相约，女儿明年春节再来，张家老小送她出门一遍遍叮嘱："说好明年再来，

黄桷垭老街

不要忘记。"

三毛含着一眼的泪答应了。

然而，两个月后，传来三毛在台北去世的消息。她不能来赴约了。

贾平凹是三毛最喜欢的作家之一。1991年1月1日深夜2时，三毛在住院前，给贾平凹写了一封长信。信中相约，等春天到来的时候，她来大陆看他。

此信全文如下：

平凹先生：

现在时刻是公元1991年1月1日清晨二点。下雨了。今年开笔的头一封书信，写给您：我心极喜爱的大师。恭恭敬敬的。

感谢您的这支笔，带给读者如我，许多个不睡的夜。虽然只看过两本您的大作，《天狗》与《浮躁》，可是反反复复，也看了快二十遍以上，等于四十本书了。

在当代中国作家中，与您的文笔最有感应，看到后来，看成了某种孤寂。

一生酷爱读书，是个读书的人，只可惜很少有朋友能够讲讲这方面的心得。读您的书，内心寂寞尤甚，没有功力的人看您的书，要看走样的。

在台湾，有一个女朋友，她拿了您的书去看，而且肯跟我讨论，但她看书不深入，能够抓捉一些味道，我也没有选择的只有跟这位朋友讲讲《天狗》。

这一年来，内心积压着一种苦闷，它不来自我个人生活，而是因为认识了您的书本。往大陆，会有人搭我的话，说"贾平凹是好呀！"我盯住人看，追问"怎么好法？"人说不上来，我就再一次把自己闷死。看您书的人等闲看看，我不开心。

平凹先生，您是大师级的作家，看了您的小说之后，我胸口闷住已有很久，这种情形，在看《红楼梦》，看张爱玲时也出现过，但他们仍不那么"对位"，直到有一次在香港有人讲起大陆作家群，其中提到您的名字。一口气买了十数位的，一位一位拜读，到您的书出现，方才松了口气，想长啸起来。

对了，是一位大师。一颗巨星的诞生，就是如此。我没有看走眼。以后就凭那两本手边的书，一天四五小时地读您。

要不是您的赠书来了，可能一辈子没有动机写出这样的信，就算现在写出来，想这份感觉——由您书中获得的，也是经过了我个人读书历程的"再创造"，即使面对的是作者您本人，我的被封闭感仍然如旧，但有一点也许我们是可以沟通的，那就是：您的作品实在太深刻。不是背景取材问题；是您本身的灵魂。

今生阅读三个人的作品，在二十次以上，一位是曹雪芹，一位是张爱玲，一位是您。深深感谢。

没有说一句客套的话，您所赠给我的重礼，今生今世当好好保存，珍爱，是我极为看重的书籍。不寄我的书给您，原因很简单，相比之下，三毛的作品是写给一般人看的，贾平凹的著作，是写给三毛这种真正以一生的时光来阅读的人看的。我的书，不上您的书架，除非是友谊而不是文字。

台湾有位作家，叫作"七等生"，他的书不销，但极为独特，如果您想看他，我很乐于介绍您这些书。

想我们都是书痴，昨日翻看您的《自选集》，看到您的散文部分，一时里有些惊吓。原先看您的小说，作者是躲在幕后的，散文是生活的部分，作者没有窗帘可挡，我轻轻地翻了数页，合上了书，有些想退的感觉。散文是那么直接，更明显的真诚，令人不舍一下子进入作者的家园，那不是《黑氏》的生活告白，那是您的。今晨我再去读。以后会再读，再念，将来再将感想告诉您。先念了三遍《观察》（人道与文道杂说之二）。

四月（一九九〇年）底在西安下了飞机，站在外面那大广场上发呆，想，贾平凹就住在这个城市里，心里有着一份巨大的茫然，抽了几支烟，在冷空气中看烟慢慢散去，而后我走了，若有所失的一种举步。

吃了止痛药才写这封信的，后天将住院开刀去了，一时里没法出远门，没法工作起码一年，有不大好的病。

如果身子不那么累了，也许四五个月可以来西安，能看看您吗？倒不必陪了游玩，只想跟您讲讲我心目中所知所感的当代大师——贾平凹。

用了最宝爱的毛边纸给您写信，此地信纸太白。这种纸台北不好买了，我存放着的。我地址在信封上。

您的故乡，成了我的"梦魇"。商州不存在的。

三毛敬上

三毛的噩耗竟比信来得早。贾平凹得知三毛已逝，便写下《哭三毛》一文。几天后，他收到了三毛的绝笔，悲从中来，又写了《再哭三毛》，以作永远怀念。

著名作家姚雪垠、秦牧、萧乾，恐怕是三毛最早接触到的大陆作家。他们之间有过一段短暂的交往。那是 1985 年。著名作家秦牧回忆道：

"那一年，我到新加坡去访问，那是新加坡《联合早报》和《联合晚报》举行征文比赛，其中包括小说、报告文学和散文，邀请了各国、各地的华文文学作家去当评委。中国大陆请了三个人，姚雪垠当小说的评委，萧乾当报告文学的评委，我当散文的评委。开会时，我刚好和三毛坐在一起。三毛很有个性，很天真，很坦率，也有点任性。当时她告诉我，她是台湾青年的一个偶像。她和我都是评判散文的，而且参加同一个组研讨文艺副刊，她对我非常客气，称我为老师。在一个研讨会上，我们都发言了。发言以后，她递给我一张条子，看了以后，我们互相点头笑了一笑，恰巧这一瞬间，给在场的记者拍了照片，登在报纸上。照片的说明文字是：'三毛和秦牧说了什么？你看他们都笑了。'其实并没有什么秘密，三毛写的是：'听君一席话，胜读十年书。'

"三毛的热情，从几件事情可以看出来，她与我们一见如故，谈话很亲切。在舞会上，她对姚雪垠说：'姚老，你亲我一下。'姚雪垠听后很感动。老姚亲她的情景，也给记者拍了下来，后来登在很多报纸上。

"她的外貌是怎么样的？她长着一对大眼睛，皮肤很白，那时她没有烫头发，但对穿衣服是非常注意的，她几乎天天都换新的衣服，一下子是全黑的，一下子是全白的。

"三毛的作品为千百万读者所热爱，三毛作品虽然主要写的是身边琐事、个人经历，但由于三毛自身思想、情感的强烈渗透，使其作品展现出人性的美丽。她所歌颂、所追求的就是纯真的爱情、友情、亲情，而这正是人类最宝贵的。我觉得，她在文学上是有一定的造诣的。因为她达到了一个很不容易达到的境界：写得有感情、细腻、动人，文字上又潇洒、活泼。正如古人曹丕所说的'文非一体，鲜能备善'。因此，文章只要有某一方面突出就不错了。三毛写作是有其独到的功夫的。

"三毛这个人的优点是热情、率真、善良，但她并不是一个很坚强的人，激动起来，很不容易控制，不是一个冷静的人。这从几件事情上可以看出，譬如她的名字叫三毛，为什么叫作三毛呢？是她看了张乐平的《三毛流浪记》，有感于自己也是到处流浪。三毛这个名字本身并不漂亮，而她看到一幅漫画，就起这个名字，可见很易激动。再如要姚雪垠亲她一下，也说明这个特点。后来她回大陆探亲多次，我看到一些记载，很多场合，她都掉眼泪。再如她结婚的时候，因为没有什么花，她就随便在厨房里抓一把菜花，她就很高兴。本来结婚的时候，一个骆驼的头骨也不是一件很理想的礼物。另外，三毛对爱情很看重，荷西的死对她的打击很大。况且她身体一直不好。三毛的死我听了很震动，假如三毛能坚强一点，理智一点，不至于现在这样。不过这次她未必是一时冲动，据说她事前拍了电报给张乐平，要张乐平好好保重。

"听到三毛辞世的消息，我感到震惊。自从改革开放以后，我见过的台湾作家大约有十多位，我个人印象最深的是三毛。这个人很善良，很热情，文字写得很漂亮。"

自 1985 年新加坡国际文艺营上认识三毛后，姚雪垠对三毛的作品就更加注意了。

他曾撰文评论过三毛的作品。他是这样认为的：仅从我读过的作品中，我已经看出来她有丰富的生活，有人道主义胸怀，而且还很有才华。她的才华表现在两个方面：一是她对日常生活和她所接触的人和事很敏感，观察得很细致；二是她的文笔富于感情，也富于机智和风趣。她的第一本书是《撒哈拉的故事》，于1977年5月台北出版，一个半月之内印了四次，足以证明读者对她作品的喜爱。机智、幽默、风趣这三者在她的作品中随处可见，表现出她的才华，也是她的性格和气质的自然流露。例如关于夫妻生活，她同荷西的爱情一直是浓烈的，但是她能够用风趣的笔调写出独特体会，例如她写道：

"一个做太太的，先拿了丈夫的心，再拿他的薪水，控制他的胃，再将他的脚绑上一根细细的长线放在她视力所及的地方走走；她以爱心做理由，像蜘蛛一样的织好了一张甜蜜的网，她要丈夫在她的网里唯命是从；她的家也就是她的城堡，而城堡对外面的那座吊桥，却再也不肯放下来了。"

像这样富于风趣的文字中，反映出一个女作家的细致心思和年轻妻子在爱情生活中获得胜利的喜悦。但三毛的风趣表现在各种不同的人事上，包括有些十分严肃的生活内容。

三毛同荷西在沙漠结婚一年之后，夫妻俩飞回马德里探望父母。公婆家大小共有三十多口人，她带着东方女性特有的心理状态进入婆婆的大家庭，事先就将婆婆看作她的"假想敌"，挖空心思对付，正如她自己在心中嘱咐自己的话："在婆婆家做客，你不要做一个不设防的城市。你虽是客人，却也不要忘了，你也是媳妇。"

"早晨你听见婆婆起床上浴室了，你马上也得爬起来，穿衣、打扮、洗漱之后，不等别人抢到抹布、扫把，你就先下手为强，抢夺过来，家中清洁工作，你要做得尽善尽美。（不可给别人捉到小辫子！）"

但是不管她如何小心谨慎，累死累活，担负起全家的清洁卫生，洗衣，做饭，却没有得到一句好话。后来她同荷西逃到加纳利群岛，公婆带着一群家人来到加纳利群岛儿子媳妇的家中做客，又使三毛竭尽力量，忙得要命。三毛写了两篇散文，都是用诙谐的笔调写出婆婆一家人的，没有任何分析，让读者自己体会。

但是三毛也有毫不幽默的作品，读之使人惊心动魄。《哭泣的骆驼》是写沙哈拉威人进行武装斗争而受挫牺牲的事。还有一篇《沙巴军曹》，写一个西班牙的军曹，十六年前军团驻扎在沙漠，在沙哈拉威人的突然夜袭中几乎全被杀光，沙巴幸而没有死，经过十六年的仇恨，最后因看见一群沙哈拉威小孩误拾一个装地雷的盒子在玩，他跑去救小孩，地雷在他手中爆炸，牺牲了。读了这篇文章，只觉得心情沉重，没有看见幽默。

"在三毛的作品中所写的生活和人物是多方面的，我不能一一介绍。她写了一个少年，对长期患病的养父母无微不至的关心和照料，直到他们相继死去，使我读过后心情久久地不能平静。她写她在马德里读书时候，因为女院长瞧不起她是中国人，她一怒之下将一盆脏水泼到院长的身上；在美国读书时，一对美国老夫妇待她非常好，后来提出来要她做他们的义女，可以继承他们留下的遗产，但她要答应一辈子不结婚，陪着他们生活。她听了后立刻告别，再也不去见那一对夫妇了。读了这些散文，使我看见了中国人的硬骨头，在心中引为同调。

"我曾用较多的笔墨谈三毛作品中的机智、幽默、风趣，含着闪光的文采，但不是全部如此，还有感情和笔墨较为凝重的作品。这样看，就全面了。"

重庆三毛书吧

　　曾经有一次，姚雪垠接到《浙江日报》一位编辑的电话，说三毛死了。

　　姚老不相信，赶紧去信问福建社会科学院台湾文学研究所的一位朋友。那朋友也吓了一跳，一问，才知道那是一个谣传。

　　姚老总算放心。

　　可这次，却是真的了。

　　姚老感到很伤心。

　　六年前，那难忘的一幕，仿佛又重现在眼前……

　　萧乾也是 1985 年在新加坡国际文艺营上认识三毛的。

　　当时，他们住在同一家旅舍的同一层楼上。

　　萧老回忆说：“她人很热情，身世奇特。她不只是写台湾，还写了西班牙，写了非洲北部的沙漠。她很有胆量，感情丰富，在文艺营上也做了热情的发言。”

　　对于三毛去世，萧老感到非常悲哀和吃惊。

他说："这是一个很大的损失。我实在想不出她怎么会自杀，而且连遗书也没留下。"

"如果三毛不死，她一定还会写很多东西，为海峡两岸的交流做贡献。"

三毛与摄影师肖全结下了一段情谊。

那是1990年9月三毛成都之行，肖全为三毛拍照，拍下了很多好的镜头，肖全为三毛拍的黑白照，很有质感，深受好评。

三毛去世后，肖全一直怀念三毛，用自己所拍的三毛图片宣传三毛。笔者手头有一张肖全签名的三毛照片，一副侠女形象，坐在椅子上，一只脚跷起，很豪放的样子。

在台湾，三毛有一个干儿子，叫喜乐，是三毛好友小民的儿子。

在大陆，三毛有一个干女儿，叫卢萌。相处很短暂，但她们感情很深。

卢萌是著名实业家卢作孚长孙卢晓雁的独生女儿。三毛去世时，卢萌才十四岁。

说起来三毛一家与卢晓雁一家的交情始于他们的前辈，抗战时期，三毛一家从上海赶往重庆避难，到武汉时竟没了船票，三毛父亲找到卢作孚，很快就解决了。三毛父母常提起卢作孚当年的帮助。难怪三毛对卢晓雁说，你爷爷真好。

岁月悠悠，四十年后，三毛与卢家后人重新联系上，纯属偶然。

1990年9月，三毛来大陆游历，到了成都。中国国际旅行社四川分社负责接待三毛，卢晓雁是旅行社负责人之一。而卢晓雁与三毛的出生地都是重庆黄桷垭。相识交谈，两人一见如故，谈到两家上辈的交情，卢晓雁还请三毛到家做客，也许这是缘分，三毛一见卢晓雁女儿卢萌就喜欢得不得了，十三岁的卢萌还是"三毛迷"，

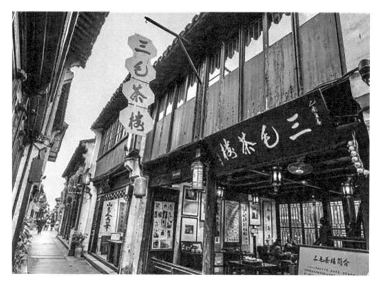

周庄三毛茶楼

江苏苏州七里山塘街有一家三毛酒吧

更让三毛高兴。三毛想认卢萌做干女儿，卢晓雁夫妇也爽快答应了。

三毛讲究形式，定了一个日子，请了卢晓雁亲友，正式将卢萌认作干女儿，当场，赠送一整套《三毛作品全集》给卢萌。

但仅三个多月，三毛就走了。

卢萌对三毛的怀念、对三毛的爱是一辈子也不会忘记的。她会记得，她曾经拥有一个名扬天下的干妈——三毛。

三毛重庆南岸黄桷垭老街的故居，一共两层。

三毛重回黄桷垭一事，直至多年后人们才得以确定。街上的老人说，三毛回到黄桷垭老街，想寻找自己住过的木屋；于是有人带着她走到院门前，三毛伫立许久后，拍了一些木屋的照片，然后离开了。

1989年4月13日，春雨绵绵，三毛在《苏州日报》记者陪同下，去寻访她神往的江南水乡古镇周庄。在三毛眼中，周庄别具风韵。三毛告诉记者："此地景色，人情风采世界一流，请一定爱护家园，保持特有的风格与品味。"

在文化站工作的张寄寒先生，为纪念三毛，1994年1月4日，三毛逝世三周年的忌日，在周庄中市街111号开设了一家"三毛茶楼"，茶楼内挂着三毛的照片。张寄寒先生的"三毛茶楼"，至今已开了26年。

如今，敦煌有了三毛的衣冠冢。三毛的一份心，也留在了敦煌。敦煌的沙地，一如三毛钟爱的沙漠，三毛当可欣慰。

三毛在寄给倪竹青先生信与照片时，题了四个字："我爱中国"，落款，三毛（未署日期）。

第六章

三毛的
乡情亲情

一、 三毛发往大陆的第一封信

故乡，是一个人生命的图腾。浙江舟山群岛的定海是三毛的祖籍地，是三毛魂牵梦萦的故乡。

不要问我从哪里来，我的故乡在远方。故乡是三毛心中的根。对于三毛，多少岁月呵，两岸相隔，故乡成了远方的远方。

1988 年春，倪竹青先生，从舟山捎信到台北，问讯陈嗣庆。三毛为之大为兴奋，很高兴地代父回信。这是三毛发往大陆的第一封信。她写道：

倪叔叔：您好。

我是陈嗣庆和缪进兰的二女儿，名叫陈平，不知您是否还记得我？在南京时我大约五岁。上有一个姐姐，下有一个弟弟，到了台湾之后又得一弟弟。我们家一共有四个小孩。两男，两女。

三毛写给大陆的第一封信

　　这许多年来，爸爸和妈妈一直挂念着您的情况，苦于两岸相隔，无法查寻。直到这一次，有同乡返回舟山，方才知道您的消息，一时更加想念。这一回舒明量乡伯返乡，自然请他寻找您。

　　今日突然收到来信，使我们惊喜交织，离别四十年，尚能通信息，真是不可思议。爸爸而今已是七十六岁了，他很想写信给您，可是我写信比较快，因此由我代笔回信，以便尽早使您收到回信。

　　四十年的事情，要说十张纸也说不完。

　　我们由大陆来台湾之后，起初和汉清大伯全家住在一起，共住了有七年之久，后来两房儿女都长大了，房子不够住十口人，于是我们二房便搬出去另住。目前汉清伯伯的孩子都在外国。懋熏堂兄早已过世，他的妻子儿女都住在美国，生活安好。汉清伯伯去年过世，伯母仍住美国。我们家，目前是爸爸、妈妈和我三个人住，其他姐姐及弟弟都已各自婚娶，都住在台北市，每星期都见面。我在二十二年前由台湾赴欧洲西班牙留学，嫁给西班牙籍丈夫，几年前丈夫意外过世，前年我方卖去国外房产回台湾与父母同住。爸爸现有孙女四人，外孙儿女三人。

初来台湾时，我们的日子也很辛苦，四十年后总算儿女都已能自食其力，父母负担比较轻些。爸爸虽然七十六岁了，可是他仍每天上班，仍是做法律的业务，小弟陈杰也是学法律，他与爸爸一同处理公事。大弟陈圣自己有一间小小的公司，做"进口报关"，收入不太能充裕地生活，所以大弟太太也做事，一同养家。我大姐陈田心，目前是钢琴老师，她也做事养家，我的工作是写作。笔名叫作"三毛"，我的书籍在大陆都可以买到。我是孀居，无儿女。

爸爸在中年时身体不好，患过"平衡神经失调"的毛病，休养了近一年才好。目前他有糖尿病，不过他很懂得保养自己，以前也是打乒乓球，打得不错，现在每天早晨打。妈妈身体一向很好，三年前得了乳癌，开刀后好了。去年又得了子宫癌，又再度开刀，目前她已六十九岁，开刀以后体力大不如前，可是家中一切事务都仍然操作，没有请人帮忙。

在台湾的日子，就是忙上加忙，每个人都在忙，大人、小孩都很忙，生活非常快，尤其在台北市，这里车太多，空气污染，台湾南部和东部就好得多。

前一个月台湾有一本杂志，叫作《中国地理》，其中介绍了"舟山群岛"，我们将它收存起来，一看再看，使我们这些没有见过故乡的孩子也产生了很深的乡愁。

倪叔叔，明年我或可返回大陆三个月（到处都去走走），到时候，我一定想法返乡，故乡的亲人就算是倪叔叔您了。也许您不能相信，我的记忆力非常好，还记得在南京时倪叔叔您的样子。今日收到照片，当年您的影子还是在照片上可以找到，真是温文儒雅，并不如您信中所说的"垂垂老也"，实在并不老。

附上爸爸妈妈的照片一张，是他们去泰国旅行时拍的，爸爸写信很慢，所以由我代笔。

倪叔叔，您对我的祖父以及爸爸，帮助很多，我们四十年来没有忘记过您，就是下一代，也对您是记得的。而今相见有望，内心感触很深，真是人生如梦。明年此时，也许我们已经相聚。切记倪叔叔身体保重，女儿有病之事，实是遗憾，这是无可奈何之事，只有接受事实，放宽胸怀，不能过分伤心，于事无补。纸短情长，要说的无非是一片怀念之心。收信之后，请有暇时回信，以免悬念之苦。内附照片一张。

敬祝

全家安康，倪婶婶请代为问候。

侄女陈平 敬上

1988 年 5 月 20 日

（此信由倪竹青先生提供）

二、三毛故乡行

1989 年 4 月，走过万水千山的三毛先是在上海拜访张乐平先生一家，后到苏州，由堂兄陈懋文陪同前往故乡舟山。

1989 年 4 月 20 日，三毛从宁波乘船，前往舟山群岛的定海。轮渡船长是个热情汉，他对三毛说："我们用海员最高规格——拉汽笛欢迎您，您自己拉吧。"三毛抓住把柄，用力一拉。汽笛长鸣，三毛热泪纵横。

下午近六时，轮渡缓缓靠上定海鸭蛋山码头。岸上迎接的人很多，有堂姐陈坚等亲戚，还有倪竹青叔叔。闻讯赶来的乡亲更多，三毛下船的第一句话是："倪竹青叔叔来了没有？"她含着泪，拥抱了老人。她说："竹青叔叔，我三岁时，你抱过我，现在让我抱抱你！"

亲友们一一见面，三毛的泪水一直没有停过。

三毛说："好像是梦中，不信是真的！"

三毛上车，直奔堂伯母方金兰家，一见堂伯母，她就把老人扶到房间中央长沙发上坐正，对众人喊了一声。大家还没醒过神来，三毛已经双膝跪地，毕恭毕敬地给堂伯母磕了三个响头！礼毕，两人脸贴脸坐在沙发上，叙起家常。

三毛之所以先到堂伯母家，给堂伯母磕头。这其中有着堂伯母与三毛一家的内情。

1958 年破"四旧"，坟墓被列为封建迷信之物，必须破除。三毛祖父陈宗绪的坟墓是一座豪坟，当年花一万大洋造的，成为最醒目的目标。按当时的"革命"处理，由亲人拾骨入殓于土。参与挖坟的大队书记大发善心说："公公好歹也是陈家人，我们不要为难他。"于是又将尸体装进棺材。在上海的侄媳方金兰（陈宗绪哥哥儿媳，活过百岁的老人，三毛称她为"大伯母"）闻讯赶来，将叔公的灵柩做成草夹坟，将尸体埋于土中了。

这件事估计三毛父亲与三毛说过，所以三毛先来看望堂伯母，表达三毛一家感激之情。

1989年4月22日，三毛来到小沙乡陈家村祭祖。在陈家祠堂，她按闽南习俗，在供桌前点燃六炷清香，放在列祖牌位前，然后，合掌举香至额头，极郑重地施以祭礼。

从祠堂里走出来，便上山给祖父陈宗绪上坟（当地新造了一座三毛祖父的坟，在三毛祖居不远的山上），陈宗绪早年在上海当学徒，后经营煤油、木材和水泥生意。晚年回乡创办文化慈善事业。祖父死于1947年，享年七十三岁。那时三毛才四岁，三毛没见过祖父。

三毛来到坟前，悲戚地叫了一声阿爷："平平来看您了！"便

1989年4月三毛来故乡定海

1989 年 4 月 22 日三毛回乡祭祖

泣不成声，献上鲜花，再点上九炷香。三炷香敬天地，三炷香敬祖父，三炷香敬祖母，然后五体伏地，大拜三次，她把脸贴在墓碑上，喃喃说道："阿爷，平平要跟您讲讲话。阿爷，魂魄归来，侬一定要回来。"一边说话，一边落泪。

她从坟头上，撮起一把泥土，放进在台湾就准备好的麦秆小盒子里，对众人泪笑道："故土是最珍贵的东西，生病了，拿它泡水喝，病就会好。"

下山来，又从祖屋的一口老井里，打上一桶水，喝上一口，再小心翼翼地收起两瓶。她说，故乡的水是带回去送给父亲的最好礼物。还说，我小气得很，一瓶给我自己，一瓶给我父亲。

在定海的一周，三毛与本地文艺界人士多有交流，返台湾后有书信来往。

三毛这次回定海，可谓悲悲喜喜，颇有传统的中国味道。

恋土恋亲之情，也吐露得凄凄楚楚、真真切切。她的礼节、情感，犹如一位中国传统妇女一般。磕头、烧香、唤魂。礼节方式，三毛做起来自自然然。

三毛认定，这是中国的传统和宝贝。随着三毛步入中年，她渐渐地回到中国文化的圈子里来。她的父亲说："我看着这个越来越中国化的女儿，很难想象她曾经在这片土地上消失过这么久。"同样，广大读者也很难想象，三毛会在 1989 年春天，给人们留下一位中国传统妇女形象。

临走前，三毛说，她喜欢故乡，特别是喜欢乡亲们称呼她为"小沙女"。她声称，要用"小沙女"作她的第二个笔名。

但是，迄今为止，尚未发现她用这个笔名写的文章。

在故乡的几天中，三毛有眼泪，有欢笑。在定海她骑着自行车在田野中尽情行走。(舟山普陀的徐静波为她拍下了这一难忘的瞬间，照片上三毛的笑容，发自内心。)

三毛自己也喜欢这张照片，并多次赠人，其中一张还在照片背后写下："在故乡舟山群岛的定海，骑自行车。那一刹间，三毛是个在心灵上肉体上的'自由魂'。"

三毛一个人来大陆一个多月，回台湾后的第一件事情，就是交给父亲两件礼物。将祖父坟头的一把土，还有陈家老宅井中打出来的一小瓶水，非常慎重地在深夜里双手捧上交给父亲。

大陆回来之后洗出来的照片，尤其有关故乡部分的，三毛一次一次在父亲看报时来打断，向他解释——这是在祠堂祭祖，这是在阿爷坟头痛哭，这是定海城里，这又是什么人，跟你三代之内什么关系。

一天，三毛给父亲看《皇冠》杂志，上面有一些三毛的照片，三毛指着最后一幅图片说："爸，看我在大陆留的毛笔字——有此为证。"三毛又指着那"好了"字说："看，这女字边的好字，刷，一挥手，走了。"三度给父亲暗示，指着那幅照片讲东讲西，字里两个斗大的"好了"已然破空而出。

这两个字，是三毛一生的追求，大概心中已经"好"，已经"了"，不然不会这么下笔。而父亲尚在不知不觉之中。

小弟陈杰说过："小姐姐其实最爱祖国。"三毛听了又是笑一笑，这种微笑使父亲感到很陌生，这种陌生的感觉，是三毛自大陆回来之后明显的转变，三魂七魄，好似都没有带回来。三毛变了。

"好了" 两字是三毛在定海与文艺界人士座谈交流时，用毛笔写在宣纸上的。 当时还用毛笔在宣纸上写下"小沙女"三字，表达了一腔爱乡之情。

三毛很看重这次故乡探亲祭祖，并将带给父亲的一把土一小瓶水，看作"这可是我今生唯一可以对你陈家的报答了，别的都谈不上"的程度。

这里一件事，要作一个探讨。三毛父亲为什么没有回乡探亲祭祖，至死也没返回大陆，返回故乡定海？

笔者推测，一是年纪大了，三毛母亲又生病，走不开。二是有一个中国男人的心结和痛苦在，这一点作为女儿的三毛是体会不到的。三毛祖父的坟墓被挖，对父亲来说，内心是说不出的痛苦。笔者认为三毛父亲也有这个心结。

三毛写下散文《悲欢交织录》，记录了故乡之行的心迹。

悲欢交织录（节选）
三毛

中国这片海棠叶子，实在太大了。

而我，从来不喜欢在我的人生里，走马看花，行色匆匆。面对它，我犹豫了，不知道要在哪一点，着陆。

终于，选择，我最不该碰触的，最柔弱的那一茎叶脉——我的故乡，我的根，去面对。

从小，我们一直向往着那"杏花烟雨江南"，到底是怎样一个地方，竟然能让乾隆皇帝六下江南。于是，放弃了大气磅礴的北方，

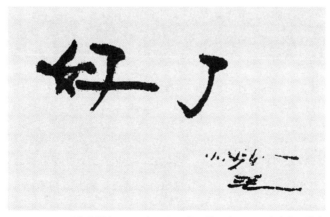

三毛在宣纸上写下"好了"两字，第一次写下"小沙女"笔名

竟决定走江南。在春天，去看那无际的油菜花。

就这么决定了，要先对祖先和传统回归，对乡愁做一个交代，然后，才能将自己的心情变成一个游客。

因此，在南方的第一大城——上海，降落。它，是我父母出生的地方。

在上海，有个家，就是三毛的爸爸——漫画家张乐平的家。

……

张府方才三日天伦，又必匆匆别离，挥泪回首，脚步依依，而返乡之行开始了。

那时候，三毛回大陆的消息已经见报，三毛不能是她自己了，三毛是三毛。于是，搬进了上海同济大学招待所，没有去住旅馆。招待所有警卫。为着身体的健康，自己的心有余而力不足，三毛对广大的中国知识青年保持着一段距离，免得在情感上过分的冲击与体力上过分的消耗，使自己不胜负荷。

……

七天之后，还是离开上海，到了苏州。

姑苏，苏州，林黛玉的故乡，而那位林妹妹是《红楼梦》里非常被人疼惜的一个角色。

……

从此，苏州五日，成了一个林黛玉。哭哭笑笑，风花雪月。

……

五日之后，经过一条国人所不太知道的水道，开始了河上之行。

跟着堂哥行在一条船上，做妹妹的就想："这不是林妹妹跟着琏二哥哥走水道回家去吗？"这时哥哥累极，躺下就开始打呼，妹妹看到哥哥累了，轻轻打开船舱门。

哥哥警觉性高，扬声说道："妹妹不要动，哪里去？"妹妹用吴侬软语说："外面月亮白白的，我去看看。"哥哥实在力竭，便说："妹妹，那么自己当心，不要掉到水里去。"

这一夜，沿着隋炀帝的运河，一路地走，妹妹开始有泪如倾。

水道进入浙江省的时候，哥哥醒来，已是清早。哥哥问了一句话，妹妹没听清楚，突然用宁波话问道："梭西？"这一路，从上海话改苏州话，又从苏州话改宁波话。妹妹心中故国山河随行随变，都在语言里。

杭州两日，躲开一切记者。

只因血压太低，高血压七十，低血压四十，六度昏了过去。妹妹终于道："哥哥，不好了，让我们回故乡吧。"

当车子进入宁波城，故乡人已经从舟山群岛来远迎。此去四小时之路，车子行过的地方，全部绿灯。

到了码头，要渡海进入舟山群岛。

……

船进舟山群岛鸭蛋山码头，船长说："妹妹，远道而来，码头上这么多人等着你。这一声入港的汽笛——你拉。"

尖叫呀，那汽笛声，充满着复杂的狂喜，那似在喊："回来啦——"

船靠岸，岸上黑鸦鸦的一大群人。自忖并无近亲的故乡，哥哥说："他们都是——记者。"妹妹不知道要把这一颗心交给故乡的谁？便又开始流泪。

上岸，在人群里高唤："竹青叔叔，竹青叔叔，你——在——哪——里？"眼睛穿过人群拼命搜索——陈家当年的老家人——倪竹青。

人群挤了上来，很多人开始认亲，管他是谁，一把抓来，抱住就哭。乡愁眼泪，借着一个亲情的名词，洒在那些人的身上。

抱过一个又一个，泪珠慌慌地掉。等到竹青叔叔出现，妹妹方才靠在青叔肩上放声大哭。"竹青叔，当年我三岁零六个月，你抱过我。现在我们两人白发、夕阳、残生再相见，让我抱住你吧。"说罢，又是洒泪痛哭。

然后，这一路走，妹妹恍恍惚惚，一切如在梦中，将自己那双意大利短靴重重地踩在故乡的泥土上，跟自己说："可不是——在做梦吧？"

这时候，所有听到的声音都说着一样的话："不要哭，不要哭。回来了，回来了。好了好了，休息了。好了好了好了好了好了好了……"

妹妹的泪流不止歇。

当时一路车队要送妹妹直奔华侨宾馆，妹妹突然问："阿龙伯母在哪里？她是我们在故乡仅存的长辈，要拜访。"于是，车子再掉头驶进一幢老屋。

人未到，妹妹声先夺人："阿龙伯母——平平回来啦——"老太太没来得及察觉，一把将她抓来往椅子上一推，不等摄影记者来得及拍照，电视台录影的人还没冲进来，妹妹马上跪了下来，磕三个头。

好，父母官来了。记者招待会来了。

三天后，回到定海市郊外——小沙乡，陈家村。祖父出生的老宅去了。那天，人山人海，叫说："小沙女回来了。"

三毛有了个新的名字——小沙女。

乡亲指着一个柴房说："你的祖父就是在这个房间里出生的。"妹妹扶到门上去，门上一把锁。从木窗里张望，里面堆着柴，这时候妹妹再度洒泪。

进入一个堂伯母的房子，有人捧上来一盆洗脸水，一条全新的毛巾，妹妹手上拿起，心下正想脸上还有化妆，又一转念，这毛巾来得意义不同，便坦然洗掉——四十年的风尘。用的是——故乡的水。

水是暖的。

妹妹却再度昏倒过去。十五分钟之后，妹妹醒来，说道："好，祭祖。"

走到已经关了四十年的陈家祠堂，妹妹做了一个姿势，道："开祠堂。"

乡人早已预备了祭祖之礼，而不知如何拜天祭祖，四十年变迁，将这一切，都遗失了。点了香一看，没有香炉，找了个铁罐头也一样好。妹妹一看，要了数根香，排开人群，叫了一声："请——让开。"

转过头来，对着天空，妹妹大声道："先谢天，再谢地，围观的乡亲请一定让开，你们——当不起。"

回过身来，看到一条红毯，妹妹跌跪下去。将香插进那破小罐头里。此时妹妹不哭，开始在心中向列位祖先说话："平儿身是女儿，向来不可列入家谱。今日海外归来的一族替各位列祖衣锦还乡，来的可是个你陈家不许进入家谱之人。"

拜祖先，点蜡烛，对着牌位，平儿恭恭敬敬地三跪九叩首——用的是闽南风俗。因为又是个台湾人，从关帝庙里看来的。

拜完，平儿又昏过去，过了十五分钟后，醒来，道："好，上坟。"数百人跟着往山上去了。

几乎是被人拖着上山，好似腾云驾雾。

来到祖父坟前，天刚下过雨，地上被踩得一片泥泞。妹妹先看风水，不错。再看地基稳不稳固，水土保持牢不牢靠，行。再看祖父名字对不对，为他立碑人是谁，再看两边雕的是松，是柏，是花，点头道："很好。"这才上香。

坟前，妹妹放声高唤："阿——丫——，阿——丫——，魂——魄——归——来，平平来看你了。"此时放怀痛哭。像一个承欢膝下的孙儿，将这一路心的劳累、身的苦累，都化作泪水交亲爱亲爱的祖父。

正当泪如雨下之时，一群七八岁的小孩穿着红衣在一旁围观，大笑。心里想起贺知章的句子：乡音不改鬓毛——，儿童——，笑问客从何处来。他们只道来了一个外地人，坐着轿车来的，对着一个土馒头在那里哭，他们又哪里懂得。

儿童拍手欢笑，但是在场四十岁以上的人眼眶里全含着一泡泪，有的落了下来，有的忍着。

一切祭祖的形式已完。父亲的老书记竹青叔走到毛毯前，扑通跪了下去，眼睛微微发红，开始磕头，三毛立即跪下，在泥泞地里，还礼。

亲友们，乡人们，陆续上来。外姓长辈的，平儿在泥地里还礼，平辈的，不还礼。乡人一面流泪，一面哭坟："叔公啊，当年我是一个家贫子弟，不是你开了振民小学给村庄里所有孩子免费来读书，今天我还做不成一个小学的老师，可能只是一个文盲。"少数几个都来拜啦，都来哭啦。这时陈姓人站着，嗳——可暂时平了，那过去四十年——善霸之耻。

还完礼，祖父魂魄并未归来。平儿略略吃惊。

扑到新修墓碑上，拍打墓碑叫唤："阿爷，阿爷，你还不来。时光匆匆，不来，我们来不及了。"

来了，阿爷来了。留下几句话。

平儿听了祖父的话，抓起祖父坟头一把土，放进一个塑料袋。

平儿道："好，我们走了，下山吧。"

下山路滑，跟随记者有的滑倒，有的滚下山坡，只小沙女脚步稳稳地，一步一踏。只见她突然蹲下，众人以为又要昏倒，又看她站起来，手里多了一朵白色小野花。红色霹雳袋一打开，花朵轻轻摆进去。不够，再走十步之后，又蹲一次，一片落叶，再蹲一次，一片落叶，再蹲一次——三片落叶。

好了。起身道："故乡那口井，可没忘，我们往它走去。"

祖父老宅的水井仍在。

亲戚疼爱小沙女，都以为台湾小姐娇滴滴的，立即用铅桶打了一桶水上来要给。妹妹道："别打，让我自己来。"乡下人："你也会打水吗？"小沙女道："你们可别低估了人。"

于是，把水倒空，将桶再放进井里去，把自己影子倒映在水里，哐的一声，绳子一拉，满满一桶水。

水倒进一个瓶子里。不放心沿途还有很多波折，深恐故乡的水失落。拿起一个玻璃杯，把没有过滤的、浑浑的井水装了，不顾哥哥一旁阻拦："妹妹不可以，都是脏的——"一口喝下。

东张西望，看到屋顶上有个铁钩挂着，一指："那个破旧破旧的提篮，可还用吗？"堂伯母说："提篮里不过是些菜干，妹妹可要菜干吗？"妹妹答："菜干不必，提篮倒是送给我也好。"

堂伯母把提篮擦擦，果然给了平儿。

喝了井水，拿了提篮，回到旅馆，还是不放心。拿出那罐土，倒来那瓶井水，掺了一杯，悄悄喝下。心里告诉自己："从此不会生病了，走到哪里都不再水土不服。"

两天后，三毛离开了故乡。

天，开始下起了绵绵细雨。风雨送春归。

妹妹洒泪上车，仍然频频回首道："我的提篮可给提好啊！"里面菜干换了，搁着一只陈家当年盛饭的老粗碗。

上船了，对着宾馆外面那片美丽的鸦片花，跟自己说："是时候了。"拿着一块白色的哭绢头，再抱紧一次竹青叔，好，放手。上船。

此时，汽笛响了，顾不到旁的什么，哭倒在栏杆上，自语："死也瞑目。"是了，风雨送春归，在春楼主走也。是红楼梦里，"元迎探惜"之外多了一个姊妹——在春。

走了走了。好了好了。不再胡闹了。

（此文原载台湾1989年6月号《皇冠》，入编《三毛全集》之《万水千山走遍》）

故乡之行绝对是很重要的一件事，在三毛心中，分量也很重。走过万水千山的三毛，终于回了一次老家，产生了"即便死去，此生已无遗憾，可以'好了'的想法"。

当时负责接待三毛的定海区统战部副部长孙义明先生，还有给三毛开车的司机倪志光等人，都说三毛重情谊，给倪志光赠了一支钢笔，回台湾后，还给他寄过明信片。

时任舟山市人民政府副市长的王世和先生，代表舟山市人民政府看望和招待三毛。三毛在明信片上写了几行文字：

世和先生：萍水相逢，却受到如此的温暖。在您的光辉人性里，再度肯定心灵优美的价值。

陈平（三毛）小沙女

4月25日，89年

三毛将本名、笔名、新起的笔名小沙女，全写上。可见是用心所至。

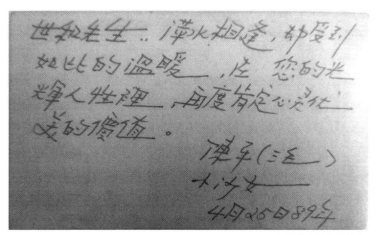

三毛送王世和明信片

三毛与王世和

三、 三毛与定海热门书店

在定海人民北路 20 号，有一家席殊书屋，坚守为读者提供好书的理念。开业至今三十余年，拥有会员七千多人，常备销售品种在三千种以上。

坚持开有品质的书店三十余年，成为当地一个精神地标。

席殊书屋的前身是热门书店（1990—2001），是三毛取的名字。

1989 年春天，三毛回舟山探亲时，当时在市文联工作的作家叶宗轼作陪，并与三毛结识。机缘巧合下，听到叶宗轼爱人刘海娜要开书店的计划，刘海娜也是一个作家，已出的长篇小说有《往生》《色》等。

三毛便说："正好，我想在台湾开一家叫冷门的书店，那你的这家书店要不就叫热门吧。"

1990 年热门书店开业。过了几年，刘海娜考上了大学，要关闭热门书店，妹妹刘晓娜接手书店。

几年来，刘晓娜筹划举办一百多场讲座，台湾知名天文爱好者和天文摄影师杨昌炽，著名作家张抗抗、陆春祥以及蒙曼等很多知名人士都到这家书店当过主讲人。

如今，这家三毛起名的书店，已坚守了三十多年。也有书友向刘晓娜建议，书店名还是改回三毛起的热门书店。

四、 三毛与倪竹青

选摘一些三毛写给倪竹青的信，这些文字是第一次出现在公众面前：

"在大陆，我最想的人是您。"

"故乡的亲人就算倪叔叔您了。"

"在大陆，最了解我的人可能是您了。"

"你太懂得我了。"

"现在对青叔存有二种感情，一是家族关系……另一是书画知己……两种感情交织在一起，相思之味十分复杂……"

"这日子里'苦等'叔的来信，这是我的唯一快乐……我翻信件都快疯了，因叔叔来信是在化解我的压力。"

"我一生也没有跟任何人写过如许多的信……给叔叔写信等于休息脑筋，自然而然就写出来了，其中不必思考文笔。"

"叔婶在过去一年半来为我担当了许多心事，内心的感激与亲爱是难以形容的。"

"叔叔知我最爱的是文史艺术，与叔也真是在生理电波上相同的人，所以青叔的书画，我实在是有感动有感应。病中来此最佳最灵治病良药，我的肋骨都忘了痛。"

"昨日喜接青叔来信真是喜极，当时我下楼开信箱是为了去买一张报纸，结果将叔叔信带到街上去边走边看，又得躲汽车，看了第一遍来信后忘了上街是为了什么，又回家中来了……心中的喜悦，真是'家书抵万金'之感。"

……

三毛把绝笔信也写给了倪竹青！（2016年，定海举办首届三毛散文奖发布会，三毛姐姐陈田心出席活动，在妹妹去世二十六年后才见到倪老提供的妹妹的绝笔信。）

三毛于1991年1月4日凌晨2时许在台北荣民总医院身亡之后，舆论界普遍认为三毛未留下只言片语。

稍后，舆论界又传说三毛把绝笔信写给了大陆著名作家贾平凹。

然而，事实上，三毛真正的绝笔信却寄给了她的大陆叔叔倪竹青！

请看：

新华社舟山 2 月 26 日：三毛的绝笔信不是写给大陆著名作家贾平凹，而是写给了她的大陆叔叔倪竹青。

从时间上看，此信属于 1 月 2 日 23 时，与寄给贾平凹的信同一时间。但三毛称她致贾平凹的信为"今年开笔的头一封信"，由此可以断定倪竹青这封信当在贾平凹的信之后。另外，三毛在给倪叔叔写的信封背面，写有"来信（注：指倪竹青去年底给三毛的信）刚刚收到。放心，无法再工作。真想大哭出来"这么三句话，当是三毛"绝笔"的"绝笔"。

从内容上看，此信详述了三毛的病情，也透露了三毛想辞世的念头。她说："'寿衣'想来很好看，我倒是也去做几件放着"，并告诉倪先生，"我没有信表示在休息"。

三毛和倪竹青到底是什么样的关系？

三毛祖父陈宗绪晚年在定海城区买了房子，陈家宅院就在定海芙蓉洲路的芙蓉弄里，这里也是陈倪两家的相识、结缘地。

九十九岁的倪竹青老人回忆，当时他从定海公学毕业后，因家境因素，付不起城区的房租，三毛祖父陈宗绪见倪竹青人实在，有文化，就让他住在陈家。倪常替陈宗绪抄写文案，陈家厚义，把他当亲人一样，两家就此结下深厚情谊。

抗战胜利后，三毛的父亲陈嗣庆和伯父陈汉清在南京合开了一家律师事务所，因为业务繁忙，陈宗绪便介绍倪竹青到事务所工作，帮忙抄写文书。与三毛一家同住同吃。也就是在南京，倪竹青第一次见到了年幼的三毛，那时的她约莫三四岁。

三毛一家当时住在南京鼓楼头条巷 4 号的一幢公寓里。

"小时候的她长得白白胖胖，虽是家中小女孩，胆子却大得出奇，经常做一些一般小孩不会做的事情，比如近距离看邻居宰杀羊的全过程。"倪竹青工作之余，常抱她逗她，感情深厚。

1948 年，三毛全家去了台湾，倪竹青在上海工作一段时间后重回舟山。此后四十余年，陈倪两家音讯隔绝。直到海峡两岸通邮，才在 1988 年 5 月 20 日给倪竹青寄来第一封长信，满满几大张。

从此，三毛和倪老飞鸿往来，成为忘年之交。从 1988 年到 1991 年 1 月，共通信五十多封。三毛去世前（1991 年 1 月 2 日）写给倪竹青夫妇的信，是最后一封，成了她的绝笔信。

倪竹青至今还保留着一张七十多年前他与三毛一家合拍的旧照。照片的边缘有些发黄。背景是南京中山陵。那次，倪竹青和三毛全家到南京参观中山陵，兴致所至准备拍一张照片留念。小小年纪的三毛当然很高兴，赶紧和她的堂兄妹坐在中山陵石阶上。坐在父母跟前她太好动了。眼睛滴溜溜地乱转。旁边的小孩都把眼睛对准了镜头，唯独她依然我行我素。

后面蹲着的父母亲说："把眼睛看好了，不要乱动！"

可三毛依然如故。三毛眼睛看着镜头外、小手放在嘴里吮咬的照片，就这样拍了下来。

俗话说：三岁看到老。

1984 年，三毛的堂姐陈坚很偶然地翻看一本《中国妇女》杂志，其中有一篇小说《亲不亲，故乡人》。（三毛回乡时在这本杂志上签了名。）

不读不知道，一读吓一跳。

作者三毛竟是她的堂妹！

陈坚赶紧把这一消息告诉了倪竹青。

倪竹青捧起《中国妇女》杂志细看，亦是惊喜交加，喃喃道："哦，他们还在，还在台湾……"

他们过得还好吗？他们情况到底怎么样了呢？平平居然写起小说来了，而且笔名是三毛！聪明、机灵、调皮的平平长大成人了，也有所成就了。倪竹青心里有一种说不出的喜悦。

但海峡两岸的关系并未彻底解冻。

倪竹青无法和三毛联系。他在等待。机会终于来了！

1988 年春，一个叫舒明量的少时熟人从台湾来舟山探亲。倪竹青按捺不住激动的心情，连夜修书一封，并赶紧挑出一张全家近照，托舒明量务必亲手交与陈嗣庆。

1988 年 5 月 20 日，三毛一家突然收到了第一封来自大陆亲人的信。

三毛全家惊喜交织。多么不可思议呀！离别四十年了，还能再通音讯！

等待也是一种痛苦。但这痛苦，带着一种欣慰。

四十年的隔海相望，重逢已不再遥遥无期。倪竹青急切地期盼着三毛一家早一天重返故土。其实，三毛又何尝不是这样呢？

"我们也是恨不能早些回乡，无奈赴大陆必须由香港转去。英国那方面，对于台湾去的人，要申请六星期以上才可以入境香港，而这阵子，港台飞机可说一票难求，我的母亲前年、去年大病之后，身体大不如前，她当然要一同回乡，所以主要是给她再休养一阵我们才回来。"

三毛自己在台湾也是一个大忙人，白天根本没有一分钟的安闲。

读者来信太多太多，而她又无帮手，拆了信，于心不忍，百分之九十都得复信。

书法家倪竹青

更不用说诸如记者来访、邀请吃饭之类的杂事了。

她在台湾的演讲也很多很多，而且多半是半年前就定下来的，无法改期。

1988 年下半年，她又去了一趟印度。

"明年春天我们无论如何要回来了。父亲说，一月开始申请手续，三月中旬可以成行。"

令三毛伤心的是，她的父母身体太差，尤其是她母亲，得了癌症，很有可能今生今世再也不能与她一道重返老家了。

三毛痛苦地告诉倪竹青："这件事我不能多去想，一想要发神经病了。父亲说，他等母亲好些便回，我也只有口头上应应他，也不敢多讲，多说他东想西想，伤感太多，对他健康不好。"

一想到明年就可以踏上舟山的土地，三毛既兴奋又激动，不禁泪流满面。

1989 年 1 月 24 日，三毛来信肯定地告知倪竹青："今春四月二十日左右一定在故乡了。"

但她回舟山的心情也颇为复杂。她"很想多住一阵，慢慢品味自己的故乡，也学学舟山乡音"，可她又怕麻烦亲友。

她说："我知道，如果我去了，乡亲们会很辛苦地招呼我。这么一来，使我反而不好意思多逗留。"

三毛是个很会替他人着想的人。她说："我想我住旅舍比较好，不然我是习惯晚睡晚起的人，住在任何亲友家，都会不敢安睡，唯恐起床晚了主人等待为难，所以决定住旅舍比较好。"

倪竹青复信说："都是一家人了，不要考虑太多。到了舟山就多住些日子，四十年分离后重聚，来之不易啊！"

三毛也慨叹："人生可以如此长久的维持友情是最可贵的事情，更何况在分别了四十年之后，彼此居然还很有感情，更是感人。"

三毛和倪竹青都在等待，等待着重逢的那一天！

三毛依旧是一身"三毛服"。红色的运动衫，毛蓝色的牛仔裤，黑色的绒线贝雷帽。

七十岁的倪竹青老人，则是一身藏青色的中山装。

三毛的亲友，包括堂姐陈坚等，心都提到了嗓子眼。

来了！来了！三毛来了！

青叔，青叔，您在哪里？

沈家门。中国最大的天然渔港。

倪竹青的家就在沈家门。

他虽已进入古稀之年，但书法依旧雄健，且精于山水画，在当地很有名气。

他还是中国书法家协会会员、舟山市书法家协会副主席、普陀区书法研究会会长。

分别四十年后，居然还能见着侄女，倪竹青实在太激动了。

他是一个极内向的人，一般不轻易表露感情。可在和三毛一同参加的一个座谈会上，他实在掩不住那种重逢后的喜悦心情，当即挥毫作词《如梦令》：

> 相见宛然如梦，两地悲欢慨慷，捧献葡萄酒，共诉别离
> 情况，情况情况，卅年相思今偿。

及至到倪竹青家里，看到了墙上挂了那么多书画，三毛喜不自胜，一见钟情。当倪竹青看到了侄女如此喜欢他的画作，也有一种受宠若惊的感觉，便全部给了她。

三毛兴奋地跳了起来。她告诉叔叔，她从小就跟顾祝同的儿子顾福生学画，对画还是有点鉴赏眼光的。

三毛极高地评价倪竹青的书法。她说："叔的楷书，清雅端正，

三毛与倪竹青

不失潇洒，叔的楷书中自有讲究，是一种做人的气度，再流现于笔下。叔的行书，只有'行云流水'可以比方，有些人写行书，看上去一片的乱，看得肠子打结。叔的字不太适合写篆书，是叔性格太优美而且内心活泼，是庄子、李白、苏轼一流之人，虽然也写，但是据我主观大胆看法，在楷、行书中，才见叔真功力与性情。古人之书法，可称为'前无古人'，但不见得'后无来者'，叔叔就是来者。"

"当我见到一个优美的人，一幅真诚的画，一片景，一阵风，一只飞鸟划破长空而去，那颗艺术的心，就要喜极而泣。更何况，手中你的墨宝，是在看'一个人的生命历程'。"

三毛实在太爱她叔叔的书画作品，以至到了台北家中，一个人在灯下仍一张一张细看。

返台后，三毛兴奋地把叔叔的书画给文人朋友们传阅。

此后相当长一段时间，他们书信交往的话题，都离不开谈论书画。三毛还把倪竹青的一张墨竹发表在台湾的《明道文艺》上。

三毛追求"真诚的生命艺术"。

她说："在中国，在台湾，应有这么一群少数分子，我们不要名，不要利，不要参加应酬，我们热爱'真诚的生命艺术'。我们'眼高手低'，但眼高到已经在看人作品上，到了电光火石一般的水准，画展中走走，好似走马灯，其实是——不真诚的东西，何必浪费时间。有些人真诚，技术表达又不够。"

"这一次大陆行，书画方面，中国的，看到竹青叔。西画方面'杭州美专'一个学生金小健了不起。什么名人，院长，并不能使我在艺术的评价上有一丝影响，反是大名鼎鼎之人，可惜失了那份'真性情'。待价而沽的心态作画，不行了。"

"此情已非南京彼情，"三毛在与她叔叔结成书画知己后感慨不已，"青叔，青叔，我们相逢恨晚。"

在返台湾后写的第一封信中，她情不自禁地告诉倪竹青："此趟大陆之行，叔叔，我证实了自己的直觉，在求证之后，我仍要说——竹青叔，你是我在大陆最亲爱的人。"

三毛与倪竹青等故乡亲友依依惜别之后，返回了台湾。可她的心，仍在舟山，仍在她日思夜想的故乡。

只是来去匆匆，她感到与倪叔叔的交谈太少太少。

隔海相望，只能凭借书信传递信息，交流感情。三毛和倪竹青的信逐渐增多，话题也越来越多。

三毛特别珍爱叔叔的来信。每来一封，都要"存档"，以免失落或跟每日的大批信件混杂。

她承认："我一生也没有跟任何人写过如许多的信。"她还把给叔叔写信比作"休息脑筋"，"不必思考文笔"。

随着书信交往增多，两人的感情也日益加深。三毛迫切想再见一见叔叔。她提出了几个时间。可惜，她在台北太忙太忙，加之身体不佳，一拖再拖。

对此她耿耿于怀。她说："我一生没有做出太多失信于人之事，而对于叔婶二度失信，使我快难过得要生神经病了。"

一年之后，1990年10月1日，三毛再返大陆，在上海新锦江宾馆给倪竹青发出一封信："我定于十月十一日抵达杭州。十月十四日必须离开返台……我很想请求叔婶住在同一旅舍。但看叔叔意思。其实只三天，心里实在想在一起。"接着她又托张乐平的儿子，给倪竹青拍了个电报，急切地想再见叔叔一面。

倪竹青何尝又不想再见一见侄女呢？

10月11日晚，他携老伴童素雅赶至杭州花家山宾馆。三毛早已迎候在宾馆，并一再叮嘱服务员有舟山来客迅即通告。一年半的分别，似乎又是一个四十年。

三毛摆脱一切应酬，与她叔同在一个房间晤谈。

第二天，他们同游西子湖，并合影留念。

整整三天，他们同吃同住同游，留下了不尽的回忆。

10 月 14 日晨，三毛不忍心打扰尚在休息的叔婶，在去杭州机场前给倪竹青写了一封信。

"匆匆相聚，又是别离。这次能够再见，已属人生极大幸福。三番两次说来不来，最后终于来了，虽然事情太多而累乏，但心中对于叔婶两人的短短晤谈，仍是极欣慰的。只是辛苦了叔婶舟车劳苦，心中实在不忍。"

"人生能够有此三日，已是三生有幸。叔婶，谢谢一切的一切。"

"也只有当叔婶是自己人，所以分别当日清晨没有起床相送，这中间躲着另一个苦心，便是'要节省眼泪'。这一点，叔婶看出

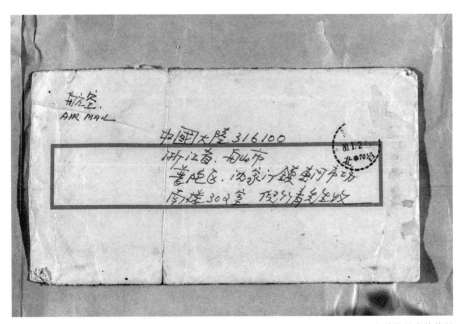

三毛寄给倪竹青的信封

来了吗？看似不送无情，其实内中藏着更深的情感而不再表示。我们真是一家人了。"

"叔婶在过去一年半来，为我担当了许多心事，内心的感激是难以形容的。"

她在信中约定："明年一定再来，与好友同来与叔婶同游。"

谁能想到，不到三个月，她就走了。

1991年1月5日早上，倪竹青像往常一样，手提着一个包到他退休后返聘的舟山市普陀区地名志办公室去上班。一进办公室，倪竹青发现同事们的神情有点不对劲，便忍不住问了一句：

"出什么事了？"

有一个同事惊奇地问："啊呀，倪老师，您还不知道吗？三毛死了！早上六点半的广播都广播了！"

"什么？不可能！不可能！"

倪竹青的脑子"嗡"的一声，来不及跟同事们说一声，就急匆匆地返回家中。

好在办公室离家不远，不到几分钟就到了。

他老伴童素雅看到倪竹青刚从家门走出，怎么又返了回来，以为是忘了带什么东西呢。

倪竹青急了："听同事说，三毛死了！"

童素雅一听也愣住了，恍如梦中，喃喃自语："这怎么可能？这怎么可能？"

八点半到了，中央人民广播电台开始重播"新闻和报纸摘要节目"。

　　"新华社消息，据香港电视台报道，台湾著名女作家三毛，昨天在台北荣民总医院自杀身亡……"

确确实实！不能不相信！静守着收音机旁的三毛叔婶哭了。

童素雅拿出影集，翻看着上次和三毛的一张张合影，泣不成声："平平咋会走这条路呢？她不是说好今年春天还要来的吗？"

往事历历在目，三毛叔婶悲痛欲绝。

倪先生奔向邮局，用颤抖的手，向海峡彼岸的三毛父亲陈嗣庆发出唁电。

唁电虽然仅仅七个字："噩耗平亡请节哀"，可里面的深情和哀恸，又岂是这七个字能包括的呢？

冥冥之中似乎三毛还会有信来的。在她真的要走的时候，她不会忘记跟她亲爱的叔婶道一声的。

三个月前，在杭州的花家山宾馆，三毛没有跟她叔婶话别。

这一次呢？这一次真正的生离死别。

倪竹青夫妇等呀等，盼呀盼。五天过去了，十天过去了。

1月18日，倪竹青终于收到了三毛的"绝笔信"。

他迫不及待地拆开信，看后脑中一片空白。

跟以往相比，这是封奇特的信，居然没有注明写信的时间。而且，相当混乱。是不是三毛在"走"之前情绪特别烦乱呢？

倪竹青在去年底给三毛的一封信中，曾受同事委托向三毛查询一家出版社。三毛并未忘却此事，在这封信的左上角还特意留了一句："叔嘱我去查的出版社会去查，这一阵太忙太忙，没有去弄。"

……

倪竹青百思不得其解。

失去了一位心爱的侄女，倪竹青变得更加沉默寡言了。

三毛与倪竹青夫妇——倪竹青提供

　　一连好几天，他都郁郁寡欢，他的心情是沉痛的。三毛姊娘童素雅眼睛都哭肿了，也整天闷闷不乐。

　　遥望茫茫东海，倪竹青思绪万千，写下了一篇《隔岸惊噩耗，悲切念三毛》的悼念文章，以寄托对侄女的深深哀思。

　　摘录如下：

　　　　台湾著名女作家三毛于1991年1月4日凌晨于台北荣民总医院去世。噩耗传来，文坛同仁、亲朋读者莫不为之震惊悲惜，一代才女就这样悄悄地走了，留给我们的是永恒的怀念。

　　　　我与三毛相识于解放前她的童年时代，与三毛一家朝夕相处共同生活近三年，1948年他们举家去台，我留上海工作一段时间后返回故里，从此音讯阻断。

两岸通邮后，三毛探知我在故乡，1988年4月寄来一封热情洋溢详叙别情的长信，此后她虽在台湾写作应酬一直很忙，身体又不好，但每月来信从未间断，病中也不例外，直至她入院临终前一天还满含悲情地写给我一封绝笔信，信中她感叹"人生在世劳劳碌碌，也不过转眼成空"，从中已隐约显露其厌世之念，此信收到时她已脱离尘世十余天了。

回忆1990年10月她重游大陆返抵上海，即来电约我会晤，情意恳切。及至杭州，次日又相偕漫步街头，荡舟湖心，笑语共话，互影留念。临别，三毛又殷殷相约："明年一定再来，与好友同来，偕叔婶同游。"讵意杭城相聚未及三月，三毛的声容笑貌犹在眼前，却一别终成永诀，能不痛惜！

三毛祖籍浙江舟山市定海区小沙乡人，1943年3月26日出生于重庆，不久移居南京，住鼓楼头条巷4号。原名陈懋平，行二，小学时厌"懋"字难写把它删去，从此一直叫陈平，三毛为其笔名。她年幼好学聪慧，六岁开始看《红楼梦》等书籍，初中时已看了不少世界名著，但个性较孤僻倔强，也敏感刚直，初二时休学在家自修并延师顾福生等习画，为她以后的写作奠立了基础。

十九岁起只身闯游国外，1970年回台湾，任教于文化学院，不久因相爱男友遽逝，她哀伤逾恒又去西班牙，1973年与荷西结婚，在西属撒哈拉沙漠度过六年清苦而愉快的共同生活，这期间三毛写了不少以沙漠为背景的文学作品寄往台湾在《联合报》副刊等报刊发表，开始结集出书，因其文笔独具一格，很快博得广大读者赞誉，声名鹊起。1980年荷西在一次潜水工作中意外丧生，使她悲痛欲绝，之后，三毛低价售去西班牙住房黯然返归台北，结束她十余年来的海外流浪生活。三毛先后游历过五十多个国家，是一位足迹满全球，行程逾万里，读书破万卷和朋友遍天下的一代才女。

回台后，三毛先与父母同住一起……这以后的几年岁月中，三毛应约为国内外讲演、应酬、写作，日夜奔忙无一宁日。长期来的劳碌奔忙，废寝忘食地不断写作，加上十年来的丧夫之痛，使三毛身心备受损伤，曾不止一次因用脑过度脑力衰竭而丧失记忆，特别是1989年9月她从楼上摔下跌断四根肋骨，断骨又刺破她的左肺膜，出血3000cc，生命殆危，虽经发觉及时救治，但一直未能愈合，而待她断骨重伤刚过一个月零三天，竟玩命地日夜赶写电影剧本《滚滚红尘》，连续三个多月，每天工作十六小时以上，使她心血耗尽，以后多次的修修改改也是煞费苦心。可以说近年来三毛的每一篇作品都是在强忍病苦、肩背经常痛似万针齐刺和断骨重伤情况下带病坚持写成的，她对于文学创作的诚挚献身精神是令人钦佩的。

……

三毛生前事亲孝顺，父母住院每亲往侍值，对读者亲友有危难者无不同情相助，平时言必有信，应约出席演讲等，虽工作极忙或身体不适从不违约，又平易近人，因此每到一地不论旧交新识都喜与她交往，很有侠骨柔情风度，前年我戏以"侠义襟怀堪自怡，骨奇气灏意难羁，柔肠导尽千江水，情系文坛志不移"的嵌字诗写赠，她收到后很高兴，还来信

半世奔走天涯情懷俠義
聲譽永留人世
文名長駐寰宇
一生騁馳藝壇彩筆珠璣

三毛女史千古

倪竹青敬輓

隔岸譽噩耗惜君早逝情誼
至今猶在懷
終古長留去
回夢憶斯人痛爾邊離名聲

三毛女士仙逝謹致哀悼

倪舳青撰輓

倪竹青 98 岁时重书挽三毛联

倪竹青为三毛祖居题匾

道谢悬诸室内。

三毛辞世前已间露其了却红尘意念，但却未为人们所察觉，因她惯于在好友面前突发奇问。如她曾与好友侯秉政律师戏言："如果我死后你要为我作一副挽联"并要侯先做好让她看看，当时侯君以笑斥之，但事隔未久，戏言竟成事实，侯在其辞世后含泪作挽联两首。其一云："仙露明珠归于天上，才情妙笔留在人间。"其二是："疑是琼台仙子，小谪人寰，走遍万水千山，滚滚红尘难久竚；几番梦里花落，刹那时光，历经情愁离恨，融融来世信可期。"我在一月中旬收到她于1月2日发寄的绝笔信中也有"寿衣想来很好看，我倒是也去做几件放着""我没有信表示在休息"等隐示言词，惜乎信至而人已杳。

综观三毛一生，早年为自闭症所伤，中年有丧夫之痛，近年则为病魔所缠，历经坎坷。从她辞世后人们对她的怀念崇敬来看可以说是备极哀荣了，三毛泉下有知也可瞑目。

三毛遗体已于1月16日在台北荣总礼堂以基督教仪式举行家祭后当日下午二时左右火化，四时许收拾灵骨，现安置于当地山明水秀的金宝山灵塔三楼，座号三西—8406。

三毛中年遽逝，我是很悲痛的，苦于两岸阻隔未能亲往瞻其遗容深以为憾，追念斯人勉成挽联二则以慰其灵：

半世奔走天涯，情怀侠义，声誉永留人世；
一生骋驰艺坛，彩笔珠玑，文名长驻寰宇。

隔岸惊噩耗，惜君早逝，情谊至今犹在怀；

回梦忆斯人，痛尔遽离，名声终古长留世。

　　三毛与倪竹青夫妇隔代情深。倪竹青夫妇每年在三毛祭日做羹饭祭奠三毛。倪竹青先生是一位书法家，小楷功夫十分了得。2016年9月，书法家倪竹青先生，以九十七岁高龄，重新书写献给三毛的挽联赠送笔者，并写下"小沙女三毛"五个大字，以表达对三毛的怀念之情。2017年1月，以九十八岁高龄为"三毛纪念馆""三毛书吧"题匾。小沙"三毛祖居"也是倪老题的匾。

　　倪老保存着三毛给他的所有书信、照片，从书信中可以看出，三毛把倪老当作最亲最信任的长辈，有什么知心话都与倪叔叔说。人有时就是这样，父母由于太近之故，往往不愿多说，好在倪老保存了三毛的书信，让笔者更能洞见三毛的内心世界。

五、 三毛与舟山（定海）文化界人士

　　徐静波先生，曾是三毛大陆作品出版联络人，现为日本亚洲通讯社社长，彼此有书信来往。三毛去世后，徐静波编了一本《三毛·撒哈拉之恋》（三毛纪念写真集珍藏版），2001年3月出版。徐静波先生作为舟山市政协特约委员，他多次呼吁并提出"定海有两只金饭碗，'一个是鸦片战争，一个是三毛'"。他认为"国内外至少有两亿至三亿三毛书迷，做好三毛名人文化品牌，这其中的文化价值无法估量"。

　　三毛在给原舟山市作协主席叶宗轼的信中谈及许多文学创作的话题。书信（复印件）在三毛祖居展出。

三毛致叶宗轼先生信

宗轼先生：

终于可以在深夜再看两小时书。

我的一生，旅行——体验生活。读书——以他人的生活"间接经验"来消化再创造，成为我的丰富人生。

此生，行上万里路，五十五个国家，反复再去的加上去，共一百国（地区）以上，二十二年青春、金钱（在最苦的日子，连公车都搭不起，我有办法，喝公园里的自来水，啃面包过活，也行）。

由小看书，超过一万本，不是自夸。

在中国白话古典文学中，爱《红楼梦》、《金瓶梅》（不删本）、《水浒传》，浸淫一生，乐在其中。当然，杂书看了一辈子，不一定是文学。

结论是——《金瓶梅》，最真诚。你懂。那些市井小民的生命之爱，一本"人性无矫饰，无造作"的真诚，以作者"冷眼旁观"的冷静，成为最伟大的记录。

看了你《海边人家》三分之一。宗轼先生，那份狂喜居然化为悲欢交织的刻骨孤单。好呀，又悲，在舟山，你在文化上，必然太寂寞了。我们为文者，不是名，不是利在引诱我们走上此条"文化之路"，而是情不自禁。但知音仍是必要的解寂之道。听说，你的现实生活，也是"人中豪杰"，在封闭的定海，讲起你的一本"情史"，人人叫好，听了极喜。果然是个名士风流，不为社会那五花大绑所屈之人。

我是个"名大无财"之人，每日瞎忙应酬，开会，酒会，个中亦有"观察人性"的乐趣。可是因为盛名之累，开销大，

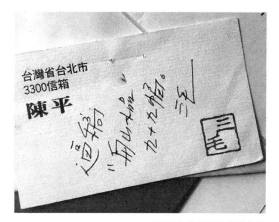

三毛寄给叶宗轼的明信片

忙得无法有空去"卖文"，但也豁出去了，有得有失，这一场人生，在我，真的精彩透了。

回来一打听，"冷门小书坊"投资三万美金，尚不可能开张，我们不是与钱财打交道的人，不是不会，是不肯花心思在此类事上。唉，价值不同。台湾市场小，又坚持突出"我看了顺眼之书"，而曲高和寡。顾客、经销、广告、账、税，与印刷厂长吵架，实在不值得。但如一旦出书，请宗轼先生与我首先签约，我们冷门，冷门，也好。

宗轼先生，你不寂寞，在海峡的这边，有你的知音。这种作品，刻画出来的人性，是一种有血有肉、市井小民之中，最最感人的"生命矛盾"，太好啦，太好啦！中国人，就是这种样子，才叫迷人。小奸小坏，又很复杂的自有另一种生命本源的强韧的迷人魅力。

我最是"爱才如命"之人，"同行不相轻"，也不轻一种假文人，他们是可悯的。看见你如此真诚又观察入微地刻画小说。我的快乐与孤寂，在灵魂上的，又加上一层。

宗轼先生，"伯牙子期""伯乐、千里马"，人生得一心灵上、艺术上的知己，天涯若比邻，不见又何妨。

在此忙得一日没有四小时睡眠，但，读书仍是一日不可少，不然，面目可憎。

好，再去看你的书。

向你致敬，深谢大作。

敬礼！安康！

晚　三毛　敬上
5 月 17 日 1989 年

台湾人做事，效率信用第一。温暖、亲切、服务好。心胸大半太光明、坦荡，对一般人来说，是个好居处。人性太简单，不好玩。对爱看人性的人，此地太平淡。回来后，怅然若失。

这里再说说，三毛向作家叶宗轼"逼稿"的故事。

2017 年 4 月 11 日，《舟山晚报》记者徐莺，发表了一则报道：

近日，记者在作家叶宗轼老先生家采访的时候，发现一封台湾作家三毛寄给叶老的信，里面还有一张特别的名片，设计相当简洁，繁体字的"台湾省台北市 3300 信箱陈平"及"三毛"印章。最有意思的是，上面写着"逼稿'舟山小品'九十九幅"的字样。

为啥三毛要"逼稿"呢？叶老向记者回忆了这段往事。原来，三毛回舟山祭祖的时候，叶老曾经接待过她。三毛告诉叶老，她只有四十多公斤重，"我开玩笑说，一只鸟都能把你叼走"。

为了欢迎三毛回舟山，当时还特别开了个座谈会。会上，叶老说："三毛女士对老家这么有感情，我很感动。老家确实值得你怀念，因为这里的人情、风俗确实非常非常可爱，我就给你讲两个小故事。"

第一个小故事，叶老讲的是普陀的虾崎，"它下面有两个小岛，岛民怎么往来呢？海边有个石洞，洞里放着捆干柴，旁边放着火柴，如果想要去对方的岛，就用火柴点着干柴烧起来，对面的船家看到火光，即便是在烧饭，也马上摇船过来，祖祖辈辈都是如此"。

三毛是个聪慧的人，还没等叶老讲第二个故事，马上说："叶老师，我懂了，第二个故事不必讲了，只讲这个就好了。"她要叶老写九十九个这样的故事："你寄给我，我给你出版。"

不久，她又给叶老写来一封信，上面夹着这张名片，写着："逼稿"。

没想到，几个月后，三毛就离世了。叶老听闻，扼腕叹息。

叶老告诉记者，将来，他打算把三毛的信送到小沙三毛祖居去，永久收藏。

三毛与书法家王亚也有书信往来。三毛来定海探亲时，王亚先生书写了"月是故乡明"赠三毛，为了答谢王亚先生所赠书法，三毛即兴在宣纸上书写"好了"两字，并第一次落款"小沙女　三毛"作为回赠。三毛知王亚擅长书法篆刻，并请王亚为她刻"三毛"和"顽石点头"两枚印章。

关于三毛与王亚交往，董瑞兴先生撰写了《首次披露三毛的好了之谜——记王亚先生与三毛女士的忘年交》一文，摘录如下：

2014年1月4日，为纪念台湾著名作家、定海籍三毛（陈平）女士逝世二十三周年，上门采访曾与三毛有过一面之交却交情颇深的王亚先生。

进入定海香园新村的王老住所，只见家中书物凌乱，问及原因，才知他当年曾应三毛女士所求，为她刻过一方"顽石点头"的闲章及一方"三毛"印章，后从邮局寄出。听说我要来采访，他起早花了一个多小时的时间，才把这两方印蜕（即"印拓"）找了出来。

忆及三毛英年早逝，王老颇为伤感。他说："如果我没记错的话，三毛如果活着，今年应该是七十一岁了。"八十七岁的老人，竟然还清晰地记得三毛的年龄。

回念1989年4月三毛在故乡逗留期间，王亚先生在文中写道：

当时，我把三毛赠予我所题"好了"两字给一些人看，许多人连我都未能解开其意，我与董瑞兴同志谈起，他说："三毛五岁半就看《红楼梦》，此书有首'好了歌'，'世人都晓神仙好'，是否她想当神仙吧？"此是笑语，但今却成了事实，应了《红楼梦》一书中贾宝玉所说的一句话："好了，好了，不再胡闹了，完了事了。"

王亚先生在文中痛惜道：

直到（作者注：1991年）1月4日凌晨她于台北荣民总医院辞世的消息传来后，我才明白当时她书赠"好了"两字之意。

三毛逝世后，闻听三毛家人想在台北家址设一个三毛纪念馆，当时，舟山有关方面根本没有类似打算，恰逢台湾《舟山乡讯》主编张行周先生返乡，在征得王亚先生同意后，我把三毛这一遗物托付张行周先生，烦请他返台后转交与三毛家人，以作纪念馆之展实物。可惜，事后从舒明德先生处得知，张先生不慎把此书法作品遗失了。真是一大遗憾！好在出版《舟山文史资料》一书中曾刊出过影印件。此是后话。

三毛的一生，颇具传奇色彩，在她的思想、言行中，至今仍有不少难解之谜。其中，"好了"两字，更为凸显。"好了"两字，在三毛的言谈及作品中曾多次提及。

同样，作为三毛的家人对她的"好了"，换句现时流行的术语，是"重视不够，理解不深，认识不到位"。当三毛结束故乡之行返台后，给父亲看自己在故乡写的"好了"毛笔字，并一改往日爽直之性格，曾三度指着那两字，暗示父亲，说："看，这女字边的'好'字，'刷——'一挥手，走了。"而当时父亲只是就字论字。

其实身为父亲的他实在无勇气承认这一事实，即使有一丝希望，也不忍心捅破这一层窗户纸。于是乎，在信中父亲哀叹道："祝你什么好呢？你已不能再好了。"

在三毛给王亚先生的信中，我注意到，由于当时台湾当局的政策所致，她只能委托王老向多位故乡朋友问好！（因王亚先生是无党派人士）并在信中所提及的人员姓名下，用红笔画出一条杠杠，以示提醒。从这一细节上，三毛的情感世界之丰富、细腻，盖可想见。

附：三毛致王亚信

王亚乡伯：

喜接6月20日来信（邮章是6月30日寄出，我7月10日收到）发现去年返台之后，曾寄上一封谢函给您，现在方知未曾收到，心中甚感歉然……

在故乡我受到了如此真情、温暖的接纳，内心一直感激着。只是一路行来，曾感亲戚之间情感的包袱和交代，背负太重，有些力不从心，但仍是满怀感激的。我很思念故乡，但又怕再度回去，冲击又大一次，这是我本身"爱根"而产生的情结。

在去年9月下旬，我因摔伤，肋骨插入肺膜（四根穿透）造成很大的痛苦，也开了肺。又在尚不能行走时，拼命去编了一部电影（一天工作十六小时）。今年4月9日因精神耗损太大，去了一趟"丝路"旅行，回来又因肾脏发炎而住院，现在已恢复了。在台我的"琐事"太多，信件太多，要我合作再编电影的公司也来催请。去年编好的电影（东北拍的）已开始进入配乐和剪接，大暑天中工作，很辛苦。一日三四小时睡眠也是大幸。

我的日子，是挤着在过。为了上一个电影，我8月12日左右可能被迫再赴北京（配乐的事情），不知要忙到何时。江南能来一定来，但是目前无法承诺。"人在江湖，身不由己"之苦，只有忍下。

如我可以分出时间来，愿意以一星期的时间，分给我的故乡，以"工作为主"，我不能再握笔了（肌腱发炎），但口述，由人记录。怕的是故乡亲戚分不清"工作"的重要而瓜分我的时间。在中国，我在目前，是作品被译成"节译本"十六国外语的唯一作者，是我们舟山女儿的光荣。

《舟山文史资料》为何并未收到？我也很纳闷。

"顽石点头"是我半生成长的"写照"，我是悟了很多。仍要请您为我辛苦，我实在很喜这四个字。在北京忙好了事

情之后，我不会忘记与您电报联络。如能悄悄回乡，在工作
完毕之后，会会亲戚，然后就走，是有可能的，我放在心上。
如在杭州有招待所可以安排我，不必豪华，能工作，有简单
饭菜可吃（简单就好），但要2.6（笔者注：2.60元）人民币
一瓶黄酒给我小酌，只要"抢蟹"（笔者注："呛蟹"）下酒。
我们在杭州工作，有可能吗？一星期口述，便再去办我的事。
（台湾10月15日必须回来。）王亚乡伯，我愿"工作"，我

1990年7月21日。

不要太多应酬和饭局，一切以工作为重。

九月二十日以后，我会电报联络。那时我在国内何处一时难说。如有可能，我就配合，以一星期为极限。

孙义明先生，对我情深义重，但因他的工作岗位，我不好与他通信。舒明德先生，也是如此。朱孟华区长，是我们父母官，也是因为此地的政策，我无法写信深谢。这是我心中深深的歉疚。请一定代我表达内心的感激，请一定代我转达思念之情。谢谢。

四月份在四川乐山，巧遇乡伯钱顺根，当时我太累了，在闭目小睡，他认出了我，他乡遇故知，深感亲切。请也代问候他。叶宗轼先生，写作真好，比我深刻太多，也未再通信，他写活了一个乡土的人与事，真好。也请代致意（他的书我有一本）。

在我去"丝路"之前，曾有一信寄《舟山日报》报告行踪，向故乡倾诉想念，但未见复。倪竹青叔与我陈家三代交情，偶有通信。楼兆成先生（舟山电视台）拍摄《三毛寻根记》纪录片得了奖，请代贺。

您的事情我放在心上。看北京工作之后，再诚心安排。深谢来信。乡伯，谢谢您看重我。这些日子我很忙，很忙，今日在录音室中关了七小时，将此地一月一次我的电台节目预录到今年十二月，回来快累瘫了。匆匆写来，请原谅字迹不美（我的字是太差了）。会再与您联络。谢谢。

敬祝

夏安

乡侄　三毛敬上

1990 年 7 月 21 日

三毛与水兵

六、 三毛与水兵

1989年4月，三毛来故乡定海探亲的日子，我正在海军部队服役，我随所服役的510军舰（绍兴舰）执行南沙群岛战备巡逻任务，因而无缘见到三毛。

但我的两个水兵战友夏正君、陈骥才，那几天正好没有出海任务，他俩有缘拜访采访了三毛，并与三毛合了影。夏正君带了相机，还为本地许多三毛粉丝与三毛拍合影照。事过二十五年之久，电话中，夏正君还能清楚地回忆起来。

夏正君、陈骥才既是笔者战友，又是部队中的文友，夏正君写纪实文学与散文，陈骥才写诗。

那天下午，夏正君、陈骥才去拜访采访三毛，夏正君是志愿兵穿了军便服，陈骥才穿了水兵服。三毛看到陈骥才穿水兵服，说，我爱人荷西是一名水手。预定的十分钟时间，结果交谈了二十多分钟。

三毛与两位部队文学青年谈了文学创作等话题。

　　三毛与水兵合影的照片，从来没公开过。两位战友送笔者一张，笔者一直珍藏至今。陈骥才对笔者说，如果有一天白马兄写"三毛传记"，此照可以公开。

七、　乡情亲情在继续

　　1991 年 1 月，三毛去世后，三毛姐姐陈田心、弟弟陈杰多次来故乡定海探亲，乡情在继续，亲情在继续。

　　三毛父亲陈嗣庆先生在三毛去世后，还与倪竹青先生通过信。1991 年 3 月 2 日，陈嗣庆先生给倪竹青先生寄了一本《相识是前世修来的缘》，以表达他们间的一生情谊。并在书上题字："敬请舟山市书法协会副主席倪竹青先生留念"，落款："三毛父亲陈嗣庆赠，一九九一、三、二"。

　　2000 年 6 月，三毛祖居辟为三毛生平纪念展示室，三毛家人将三毛生前遗物送到家乡定海，在三毛祖居展出。

　　2014 年，台湾皇冠文化出版公司出版《三毛典藏》，其中第十二册《请代我问候》收入《致忘年交——倪竹青》，三毛弟弟陈杰特意亲笔致信并寄此书给倪竹青先生。

　　2015 定海策划"三毛散文奖"，得到三毛姐姐陈田心、三毛弟弟陈杰等三毛家人同意并支持。

　　2016 年 10 月 26 日，首届"三毛散文奖"启动，三毛姐姐陈田心与女儿黄齐芸前来参加新闻发布会，在参观舟山名人馆后，陈田心题字："永在心中的故乡——定海，2016.10.27"。

　　2017 年 4 月 20 日，在定海华侨饭店举行首届"三毛散文奖"颁奖典礼（三毛来家乡曾经入住的华侨饭店）。三毛姐姐陈田心与女儿黄齐芸、三毛弟弟陈杰和夫人陈素珍前来参加颁奖典礼，三毛一家在舟山的亲属等多人参加颁奖典礼。三毛家人与家乡亲友欢聚一堂，并在三毛祖居合影留念。

2017年4月20日，三毛弟弟陈杰在参观舟山名人馆三毛展厅后，在姐姐陈田心题字的同一页写下："三毛，你带给家乡的荣耀是永远的存在。"落款："三毛弟弟陈杰，2017.4.20"。

2018年3月18日，是三毛生前忘年交、陈家长辈倪竹青先生的百岁华诞。普陀区委宣传部及舟山文化界、普陀区文联、书法协会等十分重视，组织了祝寿活动和倪竹青先生百岁华诞书画展。陈杰先生和女儿陈天明特地从台湾赶来，参加了活动，彰显了陈倪两家人的情谊。

第 七 章

三 毛 的

离 世 之 谜

她表面潇洒、开朗，但真正的三毛是不快活的。她一直将其懦弱的一面隐藏起来，苦撑苦熬罢了。她留给读者的是一颗敏感、激情、富于幻想的心灵。她一方面创作、说故事，是三毛展现给读者的一颗心；另一方面她是陈平，她是现实生活中一个早年丧夫、失却感情的寄托，内心孤寂，身体虚弱的女人。三毛与陈平，一个属于创作，一个属于生活。

1990 年 11 月 27 日，三毛在台北的一个记者会上说："我从来不把真面目拿出来，为什么要让别人来伤害我呢？"可见三毛有自己的真面目。这是读者不容易看到的一面。所以读者过分的崇拜、爱戴和希望，会使作家有一种高处不胜寒的感觉。作家一直要扮演一种读者喜爱的形象，这就使她和真实的自我离得更远。她死前内心在挣扎与痛苦，读者是不易理解的，所以许多读者在三毛死后大声喊叫："为什么？为什么？"因为他们了解的仅是作家三毛的一面。

实际上，在1990年发表的《背叛自己都有可能》一文中她已指出："人基本的心意是没有安全感，也很孤寂的。人很可怜，人很愚昧

三毛与荷西

三毛葬礼

2018 年 6 月 9 日《回声》首场演唱会

又自以为聪明，人的痛苦大半是自我的。"基调已很悲观。不论我们说什么，三毛已永远听不到了。她的死留下来的悲哀不属于她自己，而属于这些还活着的深爱着她的人。

三毛自丈夫荷西去世以后，早年自闭症等精神症状所引起的抑郁症也非常严重。虽然她竭力与这种病症抗争，试图克服它而恢复宁静的心态，但却身不由己地陷入一种更深层的内心分裂。表面上她受读者、观众拥戴，要回答读者提出的各种问题，参加各种演讲，给青年人讲热爱生命、热爱生活的意义，要维持自己读者心目中的美好形象；而回到家里，她却无法抑制内心的孤寂、痛苦和无人与之相依的苦楚，所以她长时间地失眠、情绪低落，她拼命地抽烟、旅行，但透过她坚强、开朗、热情、潇洒的一面，我们看到的是另一个内心伤感脆弱、浪漫的女子，这正是她悲剧人生的根源。极度的精神抑郁最终压倒了她极力想战胜自己的苦撑苦熬。她终于因活得太累而离开了人世。

第 八 章

怀 念 你 ，

三 毛

三毛死后，罗大佑的《追梦人》就是为纪念三毛而作：

让青春吹动了你的长发让它牵引你的梦

......

秋来春去红尘中谁在宿命里安排

......

让流浪的足迹在荒漠里写下永久的回忆

飘去飘来的笔迹是深藏的激情你的心语

前尘后世轮回中谁在声音里徘徊

痴情笑我凡俗的人世终难解的关怀

王洛宾得知三毛死讯，老泪纵横，为三毛而写《幸福的D弦》和《等待：寄给死者的恋歌》。

你曾在橄榄树下等待再等待

我却在遥远的地方徘徊再徘徊

人生本是一场迷藏的梦

且莫对我责怪

……

斯人已逝，王洛宾回忆与三毛相识之缘，感慨万千。

来自泸沽湖女儿国的作家杨二车娜姆是三毛忠粉，三毛死后，马中欣出了一本《三毛真相》，她十分生气。有天晚上，开了一辆使馆的车，去了北京三家书铺，把铺里所有的那本书全买了，在三里屯外交公寓家的后院里，烧掉这一堆垃圾书，不希望别的读者有机会看到这垃圾，脏了眼睛。"爱一个人，捍卫她，才是真爱！"

杨二车娜姆曾说过，如果进军影视圈，她最想演三毛。其他什么我都不想演，哪天要是谁拍三毛请我去演我就给他磕头了。

2018年4月20日下午，"行走的三毛最美"——学者粉丝对话会，作为第二届"三毛散文奖"主题活动，由浙江省作家协会、定海区委区政府主办。三毛文学研究者、文化界人士、三毛粉丝齐聚三毛故里定海，一起分享"行走的三毛最美"。

在对话会现场，来自西班牙巴塞罗那自治大学的汉语教授、中文博士、翻译家董琳娜向大家分享了她翻译三毛作品的感想和体悟。董琳娜说，自己在十七岁那年得知一个同学是因为三毛来学习西班牙语时，三毛这个名字便在她心中留下了烙印。后来她到中国留学，学习的第一篇课文正是选自三毛的作品，更让她与三毛结下了不解之缘。"希望以后在西班牙每年也能举办这样的活动，让所有西班牙的三毛粉丝齐聚一堂，一起分享。"

2018年5月，三毛忠粉何冰又去了一次撒哈拉，找到了当年三

行走的三毛最美

第二届"三毛散文奖"学者粉丝对话会

毛房东一家。三毛住过的房子，香港人想买，他们不卖。房东罕地的儿子告诉她："父亲临终之前嘱咐过：三毛是我的女儿，这个房子留给她。等将来我们自己办一间三毛纪念馆。"

何冰还见到葛柏妈妈和当年的"娃娃新娘"姑卡。葛柏送给何冰咖啡底色白花服饰，葛柏要何冰喊她：妈妈。罕地的儿子在三毛生前住过的房屋里，给何冰演示"飞羊落井"。正如三毛弟弟陈杰所言："三毛与房东一家结下了友情，至今他们仍记着三毛。"

2017年4月20日，首届三毛散文奖颁奖典礼，主办方邀请了一位特殊的客人，她就是西班牙大加纳利岛旅游总局协调员，大加纳利"三毛足迹"项目负责人玛莉·卡门女士。玛莉·卡门女士在致辞中说："我代表西班牙大加纳利岛旅游局感谢大会的邀请，让我们有机会与大家在三毛的故乡——中国浙江定海，一起分享这个有着重要意义的三毛散文奖颁奖典礼盛会。三毛曾经非常幸福地生活在我们的西班牙大加纳利岛，所以我们有足够的理由让我们两地建立起紧密的联系，让更多我们那边的人来访问定海，让他们更多了解这个三毛的故乡在三毛心中的重要地位，也让更多这里的人去访问三毛的第二故乡。"

大加纳利岛三毛故居焕然一新，特尔德市政府倾心打造周边环境，增添了不少有关三毛的元素。大加纳利岛推出了"三毛之路"，以吸引中国游客。三毛在中国有数以百万计的粉丝，影响力不言而喻。"据统计，已有数百名中国游客为寻找知名作家三毛的足迹，专门前来访问大加纳利岛，所以，这是一个很庞大，且很有价值的市场。设计'三毛之路'同样旨在为游客的文化之旅增添一份中国元素。"为了丰富线路内容，旅游局和特尔德政府花费近两年的时间，以恢复"三毛之路"的部分原貌。主要操作的项目为：在三毛的住所Playa del Hombre 设立一个牌子，在游乐场设立一个"三毛角"，在城市公园中打造一个"三毛花园"。

三毛粉丝何冰，追寻三毛足迹，一路行走，且对三毛极有研究。

2017 年 9 月，我在杭州认识何冰女士，一见如故。

何冰告诉笔者，她在大加纳利岛上认识的 Deric 同学，去墓地祭奠荷西时自费请墓园工作人员为荷西做了木质的十字架。还有一个叫军军的粉丝，爱马拉松运动，更爱三毛，于是将三毛的英文名字Echo 纹在腿上满世界跑马拉松。

何冰还告诉笔者："我用了几年的时间，沿着三毛的足迹走了一遍，寻访了多位三毛生前的朋友和邻居。找到了《你是我不及的梦》里的玉莲。而我的梦就是见到三毛的姐姐陈田心。"

关于三毛祖居的策划建设，在此要说到两个人，就是杭州的傅文伟、周晨夫妇。

傅文伟教授亲自规划三毛祖居开发工作；周晨教授（傅文伟夫人）负责布展方案。傅教授夫妇在杭州四处收集三毛作品八十余本，

联系上在台湾的三毛胞弟陈杰。陈杰先生与傅文伟教授联系，表示愿意将一部分三毛遗物捐赠故乡。

1998 年 5 月 17 日，陈杰先生在傅教授和三毛父亲老友倪竹青先生劝说下，赴祖国大陆了解祖居修缮情况，把三毛最珍爱的结婚礼物非洲骆驼头骨和部分手稿、非洲鼓铃、项链等遗物带到了舟山定海。在当时，三毛遗物入境关卡重重，傅文伟、周晨教授夫妇尽了所有的努力。

三毛祖居 2000 年建成对外开放，这是对三毛的最好纪念，也使众多三毛粉丝怀念三毛有了造访之地。

傅文伟、周晨教授还给时任舟山市市委书记王辉忠写了整整七页纸的长信。对三毛祖居展馆的文案，周晨教授更是多次修改。周晨教授将当时的书信与文案底稿复印件寄给了我。

因为有了三毛祖居，才有了无数三毛迷怀念三毛的地方。三毛祖居自开馆以来，备了留言本供三毛迷留言。我向三毛祖居管理员王蓉借了十多本留言本，并摘录了部分留言——选摘部分如下：

> 爱你的文字，更爱你自由的灵魂！
>
> 石 2010.4.15

> 三毛：我从长沙而来，不远万里为你而来更为自己而来。曾经，我老爸去往撒哈拉沙漠，他问我要带点什么？我说："只要两瓶撒哈拉的沙。"因为我相信那里一定会有你的足迹。
>
> 无比想念和怀念你！三毛！
>
> 长沙：阎权 2013.1.18

热爱三毛，热爱三毛的作品！

一位来自青藏高原的读者 2013.2.10 下午 4：15

亲爱的三毛：我来三毛祖居，想以这样的方式表达对你的怀念。

2013.4.6 周

Echo：

高中时爱上你的作品，今天终于踏上舟山这方有你足迹的土地。对了，我的英文名也选用了 Echo。

2013.4.27 海宁语晓

人生该为自己而活，你活出了自己。在生命最完美的时候，选择戛然而止，这已足够。

潘丽君 2013.5.1

三毛前辈：我前天来过了，今天特地又来了，因为明天我就要回江苏老家了，以后就不能经常来看您了。但是，您会永远活在我们心里！！！

孟庆雷 2013.7.1

三毛：你好！这是我第二次来看你了。辗转颠簸，车终于到了这里。我在海洋学院上学，今年就毕业，四年了，一直没机会来看你，只是心里放不下念念不忘的你，是我旅行梦开始的地方。

来自衢州的小姑娘倩倩 2013.7.19 周五晴 11：27

三毛：前世的缘让我们今生相遇！23年前在成都对你的采访，让我一生难忘，去年有缘到台北金宝山公墓拜谒你，今天有缘在定海你的祖居，看完你一生的介绍。愿你在天堂安好！

成都：谭天 2013.7.20

今天，我们（聋哑人）来到三毛祖居，看完三毛一生经历，令我们感动……

陈琳　郑浩凤　余玲玲 2013.7.31

三毛：此次来舟山定海，唯一目的是见你。阴雨绵绵，你的笑容就是晴天。

搭车，等车……终于见到你。整个馆只我一人，我轻轻将门带上，不惊扰你的安宁。

布小龟 2013.9.7

三毛姐，我是来自台湾的查理，还记得初中时看了你的作品，哭了，我也想和你一样成为一个旅行者，我爱你，三毛大师。

2013.9.26

亲爱的三毛：一直都很崇拜你！很爱你，在书中怀念你。

台湾台北：徐 2013.9.26

（今天是台湾的教师节，您是我人生中的导师）

三毛，亲爱的三毛，你好！我是安琪，刚乘64路公交车来到祖居。我读高二时，在浙江温岭二中图书馆借到你的书。走进祖居陈列室第一厅，看到你的照片，我，忍不住哭了。三毛，要是你在就好了。

2014.3.9 周日 20 岁海运学院旅管 3 班安琪

亲爱的三毛：有幸与我的母亲，你同乡，今天来到定海寻根，从台湾台北来。

在我年少轻狂的年代，读了你不少书，很钦佩你的自由与豪迈心胸。

郑蓝铭 2014.4.6 来自台湾台北与家乡的亲人

三毛迷留言

三毛：终于来到了舟山，自我知道你的祖居在这里，便一直计划这次浙江之行。风雨交加，风再大，雨再大，我会来看你！

秋晗 2014.4.12

　　三毛：20 年过去了，带着女儿来了！祝天堂幸福！

张飞雅 2014.5.3

　　三毛：谢谢你的书，谢谢你的灵魂感化。铭记你，深爱你。终于来到这里，感慨万分又不知从何说起。你是神话，是传奇！你是我不及的梦！

金晶 2014.6.30

　　三毛：你好！再见！真想大哭一场。

宁夏 2014.7.28

　　Echo：昨日急匆匆地来，因太晚闭馆。今日又痴痴地来，每一幅每一节都痴痴看，小小三间竟费了一个多小时……心中的感受，真想大哭一场……

　　敢爱的女子啊！你这一生太苦，尤为精神上的痛苦，日里笑颜，夜里孤寂凄凉……

张婷婷 2015.6.1

　　请允许用女神称呼你！

衡阳陈萌萌 2015.6.21

感谢小沙三毛祖居使我们了解了三毛，不仅是个才女、多情女、词人，还是一个爱国者、旅行家、中华文化的传播者，感谢你！三毛！

天堂之路走好！

2016.5.1 宁波北仑人

你曾是我心心念念的三毛，因而感染了你的气息，想做个自由的女子。此次偶然来舟山定海，碰巧知你祖居在此，特地坐了两个钟头公交过来见一见你。

陈小玉 2016.7.16

亲爱的三毛：记得 1989 年我和两个同学到您房间求签名，音容笑貌犹在。岁月流逝，您已离世这么多年，成为我永不磨灭的记忆。

丁建波 2016.9.24

首届"三毛散文奖"新闻发布会，我来看你了，三毛，我是你的粉。

杨澧群（毛一一）2016.10.26

亲爱的阿姨：听你的歌，看你的书，我好想念好想念你啊。愿你入梦，我们可以再度交谈。

爱你的外甥女：黄齐芸 2017.4.20

盼了三年，Echo 我来了。千言万语，不知从何说起。我没出生，你就走了。千山万水，多少人想见你，来你的祖居。

我是余江凤，你的万千粉丝之一。你是我不及的梦。

我就走了，陪我来的是我的"荷西"。希望余生能共度。

余江凤 2017.5.3

今天，大毛、二毛带着四毛、五毛来看三毛。

2017.6.5

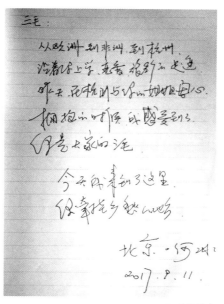

三毛迷留言

三毛：从欧洲到非洲到杭州，沿着你上学、恋爱、旅行的足迹。昨天，在杭州与你的姐姐田心拥抱的时候，我感受到了，你是大家的三毛。

今天我来到这里，你牵挂乡愁的地方。

北京何冰 2017.9.11

十年前，第一次来三毛祖居，十年后，又来到三毛祖居，三毛永远在我心中。

邱明强 2018.1.1

三毛，今天是你的忌日，我在小沙怀念您，愿您在天堂安息！

张幼娜 2018.1.4

平姐姐，我来看过你，我会再来。

四毛 2018.3.16

我们很高兴有机会来到三毛的祖居！爱三毛！爱中国！

董琳娜、何塞 2018.4.21

为一个人，来到一座城，寻着你的足迹。靠近你的灵魂，你好，三毛！

重庆谢璐 2018.4.21

不要问我从哪里来，我从三毛出生地（重庆）来，我再次向你靠近，感受你的真情，三毛，永远爱你！

重庆，周菁 2018.4.21

三毛活成了三毛，活成了她自己，欣赏她。

钱爱康 2018.7.1

在阅读留言时，还发现了三毛姐姐陈田心的留言："妹妹，我来过，这是我们永远的家。姐姐。"没写上日期，估计是 2000 年的。

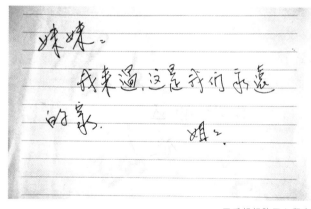

三毛姐姐陈田心留言

心若没有栖息的地方，到哪里都是在流浪。

——三毛

每想你一次，天上飘落一粒沙，从此形成了撒哈拉。

——三毛

浙江省舟山市定海区小沙街道庙桥村降家

文化三毛

3 1 6 0 5 1

三毛，你好

寄自远方

第九章

只有一个

三毛

三毛的声音，始终是少女般清纯、甜美。三毛的声音真好听，实听她说话、演讲，比读她作品更美妙。

　　2017年"书香定海"活动开展了"三毛作品阅读征文"比赛，定海作家缪佳的《一起来看"流星雨"》获一等奖，写的就是听三毛声音的感受。

　　　其实，我想在这里向大家聊的是一本关于三毛的演讲录——《流星雨》。

　　　当时兴冲冲地跑到书店，买下这本书，完全是受两个字诱惑——声音。介绍说，本书为有声书，附赠《三毛说书》原声CD两张。三毛的声音哟，我从来没听过。真的，看过三毛的书，但从未想过去搜寻她的声音。购买的欲望瞬间被强烈勾起。"

　　　我抛开书本，跑到影碟机旁，放入CD，屏息凝神，用耳朵捕捉期待已久的那一缕芳音遗韵。

一个我从未听过的柔柔的声音钻入耳朵、沁入心肺。并不标准的普通话，带着软软的台湾腔，慢慢的，低回的，像一个小女生的呓语。女儿听见了，奇怪地问，这谁的声音？怪怪的。我瞅着女儿微笑，怪吗？可是，原来这就是三毛的声音。隔世离空，穿透时间，那么迷离地传过来，初始有意料之外的陌生，转而却又觉得亲切与熟悉。

她的说书，与她的声音，两者相配，有些古灵精怪。比起时下流行的《百家讲坛》，其生动有趣，有过之而无不及，每至妙处，便有隐隐笑声为衬。尤其是当她讲述潘金莲时的语气，仿佛真是那个柔媚入骨的女子，无限风情，掀帘而出。这些我们原本熟知的人物，在她的细剖慢道间，诸种风流体态、神情气质自书中缓缓溢出，跃然眼前，别具声色。

据说，她的有声书，在台湾出版时，被誉为'最动人的声音'。如今在台湾也已绝版。舟山的小沙三毛纪念馆，应该将这本书和CD收藏。

此时，我已深陷于沙发中，阖眼放松，只任那声音在耳边流连，仿佛来自遥远的天籁……

中学及高中时代曾为三毛作品所吸引的蔡深江，在台北念书的时候，曾参加过三毛的演讲会。他觉得，三毛是个很会讲故事的人，她"以语言打动人"的能力很强，"她的声音很小，但她能吸引全场的听众静下来，安静地跟着她的言语走。" 蔡深江也觉得，三毛的讲话有时候比文章动人。

三毛独特的声音，这也许是许多人没有发现的三毛之魅力之魔力。

三毛说书

　　三毛学国画时，画过山水花鸟，画上落款"陈平"两个毛笔字，倒是中规中矩。但观其钢笔字，字体笔迹十分奇特，笔画硬直，就是写笔名三毛两字，虽略有变化，但有一种写法，反手"毛"字，本可写得随和，但三毛却加了转折，转折后且一直往前运笔。

　　三毛的书信，写得密密麻麻，密不透风，手写稿一页，字数相当于打印一页字数，从这密密麻麻的字迹可以看出，我们很难真正进入三毛的内心。

　　三毛的字，既有一种童真、直爽、单纯，又有些棱角，有一种倔强、执着的个性在。三毛的笔迹凸显了三毛的个性。

　　总之，三毛的字，有个性、有些奇特，还向左倾斜，很整齐地向左倾斜约45度，是一种独特的"三毛体"吧。

三毛笑得很好看，正如她自己所言："我笑，便如春风。"丧夫之后，所拍的几张照片，则神态忧伤、深沉。

三毛皮肤白皙，黑发披肩，加上波西米亚风格的衣装，自有一种魅力。

三毛的灵性，自小就有，她是基督徒，但也不排斥佛道信仰。

丈夫荷西死后，三毛迷上一种观灵术，与阴间的干爸徐訏、丈夫荷西对话。

三毛生前算命，算者预知三毛一生会出二十三本书，亦是准确之极。

三毛不是一个普通人，认识三毛的朋友都知道，三毛具有通灵的能力。

三毛具有"超凡"的灵异能力，醉公子说，在"阴间之旅"那次活动之后，隔天他在三毛住处与之深谈，悚然发现三毛不为外人所知的另一面。

由于同样执笔杆，同样对灵异世界有所探索，醉公子指出当晚两人相谈尽兴，三毛示范她的"特殊能力"，以手靠着笔"自动书记"、以指背指甲推动杯子，三毛告诉他，她只要拿一个铜板在地面或桌上磨，便能与死去的荷西沟通。

三毛的通灵能力，她自己不说，旁人自也不会瞎说。后来三毛自己在文章中大谈，甚至在公共场合也会随兴提到自己与荷西能"笔谈"沟通之类的事。她"阴间之旅"活动中所录下的录音实况，便曾在课堂中放给听众听。三毛的通灵能力，众所皆知。

然而这种通灵能力是与生便具有的吗？应该是的。醉公子回忆与三毛的交往说，她是在挚爱的荷西猝逝之后更加明显。

醉公子认为大凡从事艺文工作的人，心思总比他人细腻敏锐，尤其三毛与荷西的生死相恋，在三毛的文中可见她与荷西生前对生死问题讨论最热烈，因此与荷西的默契并非外人尽知，因此荷西的死对她造成甚大的打击。在日夜思念纠结的情况下，一种超凡能力可能更加触发了，使得她能与另一个时空的人沟通。

三毛有一种强烈的死亡意识，一生数次自杀，在南美洲旅行，独独对"自杀神"好奇。作品中亦常展示她的"死亡"意识。在生命后期，认为"好就是了"。曾对她姐姐田心说，我活一世，胜过你十世。

还当着父母的面说"如果我选择了结束自己的生命，请不要为我难过，对于我，那是幸福的归宿"。三毛的生命观十分奇特，天下哪有儿女当着父母的面说"让我去死吧"。三毛是仅有的一个奇葩。

死对三毛而言，可能只是生活空间的移位，她告诉过朋友，既不知道死后的世界，也就不必害怕。何况她懂得通灵，正是对另一时空的认可。对于三毛的死，三毛友人并不表惊奇，"从她的作品中，我们认识到，从小到大，她的行为，做法都有异常人，世俗看起来是叛逆，她看尘世，必然也有许多不能理解的地方"。

如果说，宇宙中有引力波、暗物质、暗能量。那么，在人类中，可能有一些人有着超常的暗能量，产生一种魔力，让别的人被她（他）所慑服。

三毛以自己传奇的人生和作品，构成一种魔力，影响人的心灵，影响人的言行。

一个作家活着的时候，他的地位决定名声。

一个作家死去之后，他的作品决定他的名声。

只有三毛不一样。三毛，创造了一个记录。

正如三毛姐姐陈田心含泪所说："妹妹已无法承担她的人生，她外表风光，内心很苦、很累……"

就是这样一个在尖刀上舞蹈的"海的女儿"——三毛，却把美好的精神带给读者，呼唤人们走向诗与远方，寻找梦中的橄榄树……

我们要看到三个三毛：作品中的三毛、生活中的三毛、内心的三毛。三个三毛加起来才是全面的三毛，而许多读者往往只看见作品中的三毛。

三毛也曾告诉读者，"你们被我骗了"。

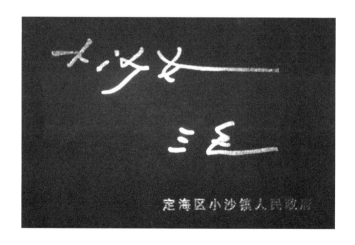

正如三毛自己所说，爱情如禅，不可说，一说就破。同样，人生如禅，也不可说，一说就破。

1989年4月，三毛来大陆，见到出了她这么多书，自己没得到一分稿酬，心中是不快的。三毛说，如果出了免费赠送读者也罢了，但这些出版社却大赚钞票。三毛当时只能郁闷地说，希望大陆出版社有点知识产权保护意识。如果当时按《著作权法》规定，付给三毛稿酬或版税，三毛的生活也不至于那样清苦，不至于成为"有名无财"之人。这一点，是愧对三毛的。

后来三毛作品授权北京十月文艺出版社出版，那是三毛死后的事了。

三毛是一个矛盾的混合体。

体弱多病，使三毛从小就敏感而又孤僻，且神经质。她的性格固执，且又浪漫，异想天开，带有"三毛式的夸张"。当她冷静注目，有条理的嗓门一动，像极了干练的王熙凤；当她潇洒自适，云游四海，则流露出无牵无挂的湘云模样；当她温柔慧黠，动情不贪，又有了薛宝钗的模样。

但是，三毛真实的内心世界，敏感纤细，善感用情，是一个隐藏着的林黛玉天地。

她感情丰沛，却常乱方寸；她心情漂泊而情怀念旧。

1990 年 11 月中旬，她去逛书店，想买本新的行事历。当时有个书店老板觉得很奇怪，问怎么这么早就买新的。她回答说是尽快把新一年的工作安排好。

她拿到 1991 年的行事历后，一口气就将计划安排到三四月份。一年之计在于春。她说："只要把春天的事情做好就够了。"

三毛曾两次到大陆寻根、访问。并表示："我将每年回来，一点一滴细细地品味，深深地感受。"

她还曾答应给上海的"爸爸"写传记。"让'爸爸'细细地讲，我慢慢地记。"

三毛一生都在"情"字上打转。

人生的甜酸苦辣，她都尝了个遍。她已没有遗憾。唯有死亡，她却没有经历过。疾病、谣传、政治压力、强烈的孤独感，更加快了她走向天国的步伐。

她太消沉。太看破红尘。

　　林青霞揭示三毛内心世界说：在人前，三毛永远是热情洋溢，话题、笑料源源不绝，在人前，她像是太阳一样辐射热力，将人生乐观、积极的光明面向人们展示，因此我常把三毛演讲的录音带放给妈妈听，要母亲乐观点，不过林青霞也非常了解三毛不为人知、孤寂欲死的一面。

　　与三毛一起度过青春岁月的台湾小说家朱天心认为，三毛的戏剧性人生，常让一般人分不清她的言行举止何时为真，何时为假，这时的三毛似已有不要牵累父母，不愿他们挂念的愿望。她说："三毛早有厌世的思想，只是不说出来。不管如何我对她的死，感到十分意外，因为我觉得三毛的生命力很强，她经历恋爱的伤痛与疾病的折磨，应该是看得很透才是，她以这样的方式结束自己人生是够狠，也是异于常人之举。"

三毛拥有那样一颗敏感、激情，富于幻想的心灵。她创作、说故事，是这颗心展示给众人的一面。另外一面，想来她也会有与众生心相同的种种困顿、负荷和苦痛吧。

三毛身心的长期疲劳，形之于外的肇因是参与各种活动，形之于内的即是在作品中不断地自我幻化：这二者的终点都是为了"满足他人"。许多次她在电话里对好友说："我好累好累！"朋友劝她，"你实在太累了！你要好好休息！"

的确，爱情是任何时代，任何一个人都需要的，而且是永恒、持久不变的。爱情，或许就是三毛一生最坚持的东西吧。但，正因为太过于坚持爱情，却也使她经常会有某种难以解释的寂寞。好像在这个时代里面，什么都是迅速的、可变迁的，没什么值得留下来的，但她却是纯真地坚持着爱情，坚持着她那永远无法解释、无法消磨

《又见倪翁与三毛》画册

的寂寞。

三毛是一个具有洞察人情的敏锐与练达的人。或许，正因为这种敏锐与练达，已使她深刻体会到社会的现实、冷漠、混乱，但即使是这样，我相信，最后她宁可去相信，这个世界爱是最重要的。

张君默形容三毛是个聪明、有创造力的女性，具有明星气质。她一生中每次事业路向的转变，都相当成功，经常攀上一个高峰后再攀另一高峰。

他说，从当初她从事散文小说创作，至其丈夫逝世后转写游记，至近年她从事演讲都相当成功。令人意外的是，她在港台两地的演讲会均座无虚设，可见她有很强的吸引力。

正由于她不断要求攀高峰，要求有新意的生活方式，死亡可能是她经过内心的挣扎后找到的结束方式。这对她来说也许反而是好事。

台湾作家沈君山称赞三毛道：她是一个总是在他人最寂寞、沧桑，最需要鼓舞、安慰的时候奉献她所有的爱的那种人，而自己所得到的却是最少的。最后自己反而变成一个最寂寞的人。

三毛就是这样一个人，能非常敏锐地感觉他人的沧桑、悲凉、痛苦之所在，同时也以深刻的同情和善意陪伴、安慰他人的沧桑，悲凉和痛苦。

音乐界老前辈李豪与三毛之间有一段颇深的忘年情谊，三毛在写给李豪的信中曾写道："这些年来，常常想念您，您给我的书，也在架上，有时拿下来摸摸，心里很思念的，却没有提笔写信。"李豪在听闻三毛去世的消息后，不禁伤心流泪。他心目中的三毛，是个"很有才华、很善良、很爱艺术的人，她会唱歌，而且还唱得

不错"。

　　提起与三毛的这段交往,李豪由衷说道:"我也不知道为什么,她这么喜欢我,我这么喜欢她。她这人有她的古怪,我这人也有我的古怪。"

　　写作"三毛传"中,我从生命哲学、人生意义、心灵情怀方面,得出"英雄"这个词。

罗曼·罗兰说，心灵的伟大也是英雄。

是的，命运以痛吻她，她却报之以欢歌，带给读者美好！三毛，一个上天派来的天使；一个人间活过的英雄，把万千疼痛，活成传奇与千万人的梦。

为奇女子立传，为英雄立传，这也许是我创作三毛传记的意义所在。

真情文章泣血成，我以我心写三毛。

我也将结束本书的写作，最后以两句诗作结，献给世之奇女子三毛：

人有个性，文有个性，一生所为，独一无二。

生时奇也，死亦奇也，情亦奇也，后无来者。

2017.10 完成初稿

2019.8 三稿

附 录

写给倪竹青书信二十六封

　　三毛写给倪老的信大多是写在宣纸上的，三毛写信，只有对最尊敬的人才用宣纸来写。

1988 年 7 月 20 日

竹青叔：

　　自从与乡亲联络上了之后，我们心情一直非常欣慰。其实我们也是恨不能早些回乡，无奈赴大陆必须由香港转去。英国那方面，对于台湾去的人，要申请六星期以上才可以入境香港，而这阵子，港台飞机可说一票难求。我的母亲前年、去年大病之后，身体大不如前，她当然要一同回乡，所以主要是给她再休养一阵我们才回来。

　　我自己在台湾的生活是忙得不得了，电台、报纸、电视、读者来信、饭局，多得要命。白天根本不能有一分钟的安静，夜深人静时，才是我写稿、复信、看书的时间，所以肝功能也不好，人是每天累得都要哭出来了。人说大陆生活水平比台湾低，我倒觉得，如果生活没有电话每一分钟都来扰人，实是人间至上的幸福。这也是我不耐住台湾的原因。我看竹青叔来信，叫我不可太累，我觉得您实在是看见了我的苦。在此我的读者来信太多太多，我无帮手，每天要清理信件，百分之九十都要回复。这算是社会服务，不得不做。其他杂事也多，因此今年无法返乡，因九月、十月在台湾的公开演讲是前半年就订下来的，不能改期。演讲很多很多。

明年春天我们无论如何要回来了。阿龙伯母（父亲堂兄阿龙伯父的妻子）年纪大了，父母很挂念她，请托人转口信给她，明年我们回来，请她等我们。祖父祖坟之事，阿龙伯母出力最多，父母深深感激在心。一个半月前，武汉的瑞珍表姐去了长信，但没有回音，使我们悬念。陈坚在您同办公室，我也有给她回信，也未见回音，不知收到了没有？

在台湾，我们这儿酷热，夏天的日子很不好过。父亲已七十六岁，他很瘦，有糖尿病，比寄去的照片上又瘦了好多。母亲是再度癌症开刀之人，也是很瘦。不知明年长途旅行他们吃得消吃不消。我的身体也是很不好，每天叫累，可是不能休息。在台湾，尤其是在台北市车辆太多，人太挤，我观中国最大的问题就是人口。在这儿，人人开车，弄得交通乱七八糟，我可视出门为畏途，因要堵车，短短的一条路也行不通。我们"舟山同乡会"里的同乡，回去故乡的人已有很多，在台北市各自忙碌，也少见面，可是彼此都很亲切的。

竹青叔，我收到定海乡亲徐静波寄来的画册和来信，我也回信给他了，放在同一个大信封内，请您代我转给他好吗？因这样一次寄就可以了。故乡的亲人又有一个来找我，就是陈子平伯父的外孙。我也回信给他，放在寄您的信中。对不起，麻烦您了。

如您喜欢看我的书，我可寄最新的来给您看。但必须由香港的朋友转，比较慢到。我上星期又出一本新书，叫作《闹学记》，为了这本书的校对（我亲自做）也是累死了。台湾市场很小，再多再畅销也是数千本，但大陆版权没有人与我联络，竹青叔问起此事，我觉徐静波先生好似知道我在哪里有出书等等，我已托他代查，请竹青叔您也代我留意好不好？不过千万不要有压力，不必太急，反正我回大陆时也会请有关方面帮助我。一点也不用特别去操心。

一旦回乡见面，我们一定会哭。其实现在想到踏上舟山土地的明年，我已经在流泪。去祭祖时必定又会百感交织。竹青叔，我们找出来一张老照片，照片中您和我们站在南京中山陵面前拍的，你的身边站着我爸爸、妈妈，我坐在您脚前石阶上。过一阵比较不忙时会去翻拍了寄去给您看。是我把您认出来的。爸爸细看，惊讶地说："咦，这人不就是竹青吗？"

人生可以如此长久的维持友情是可贵的事情，更何况在分别了四十年之后，彼此居然还很有感情，更是感人。我们很快要见面了，彼此珍重。父母嘱问候。他们已去睡觉了。

敬祝

安康

任三毛上

1988 年 9 月 3 日

竹青叔、坚姐、静波：

来信和照片都收到了，看见陈家祠堂、祖父埋骨之地、当年移葬人的照片，以及你们的照片，热泪夺眶而出。人间如果有情，故乡的人没有使我们失望。相隔四十年（静波尚是初识），感情如此真挚，是我们深深感动感激的。这四十年来，对于故乡亲人我们没有法子通信，到现在也是去麻烦你们，而这种情，一生报答不完。

竹青叔、坚姐、静波，各位为了我们这几月来都有奔波，实是不安。父亲其实前些年心已死了，对大陆故土不存盼望，而今支持着活下去的另一个理由就是回乡、回乡，对于他来说，这是很好的事情。祖父祖坟被挖，我们没有一丝对于当局的抱怨，情势如此，又要开路，是应当做的，因人不能太自私，如果国家要用地建设，要从大处着想。现在坚姐来信是否要先修坟，爸爸的意思是，他要回来看过才做，等决定了做，我们托坚姐（竹青叔年纪大些，不好再麻烦），然后我们又会二度回大陆再去上修好的坟。

竹青叔，我现在台湾，一天五十封来信以上，所有夜间时间都在拆信，有时累得快死掉，而白天社会服务太多，又不能看信，所以竹青叔不把大陆读者来信给我是竹青叔太了解我的情况。现在大陆同胞转到我出版社的信也是太多太多，我已无法应付，实在没有办法。现在我想到回大陆定有许多记者要访问我，我就心事重重，我实在是不爱名的人，最怕太多人注意我。在台湾，我走在街上，百分之八十的人都认出我，使我十分不自由，所以很少逛街，因而不能自由自在，总有人"很好意"地捉住我，叫我签名、合照、留言，我不讨厌这些热忱的人，可是很累。

回大陆来，如果记者来了，怎么办？去年我去香港，去四天三夜，吃了十数次饭（有时一夜赶三场饭局），上了五次不同的电视节目。公开演讲在香港"大会堂"，结果人太挤，座位不够，叫来了警察。我那四天，到深夜三点还有记者在房间里。回来大病一场。这不是要讲我有什么了不起，而是为这种名气，被累死累死了。我们台湾出版是小儿科，一本书印五千本、一万本已是大作家，一般出道的印两千本，因台湾很小（三万六千平方千米），买书的人大半是学生，成年人看书不多。所以静波弟说大陆出我的书，我听见印的册数，将人吓死了，好多好多好多。这件事情（版权）我想回大陆来再谈，因"不急"。

我听琼瑶作家的说法，实在不必急着拿，她的说法我们见面再商量。在台湾，我们是抽版税，一本书出版商拿百分之九十，作者分百分之十（约合五毛美金一本，我说我抽的版税）。大陆市场，来了再说，通信讲不清楚。

这一个月来，我又"肌腱发炎"，背痛得现在是靠意志力在起床、做事、写字，是一种钢钉打在背上一样的剧痛，现在已一个多月了，没有好。稿子我已不写了。爸爸糖尿病，这月突然血糖好高好高，同时并发肾脏不好，他立即不对了，人很虚脱似的。又不肯打"因素林"。那天验血回来，我又特地去验血师处，他悄悄告诉我爸爸情形不好，因有并发症的走向，爸爸在看医生，但仍上班，只躺了两天又去上班了。父母这种健康，我实在担心他们……我希望明春他们健康，可以回乡，爸爸七十六岁了，实在心里很担心。明年来，他们最好在舟山住十五天以上，不然来去匆匆太辛苦。父母一到舟山就给他们旅舍内睡两天足，才会见亲友，可以给他们休息。

这封信写得很草率，因我现在写字背在剧痛。……

三毛敬上

1989 年 1 月 24 日

竹青叔：

又是许久没有写信了，我自印度回来已两个月。又背痛了。竹青叔，在大陆上，最了解我的人可能是您了。

静波弟来信以及您的来信，都使我很明白，您为了我的安宁，一直在为我挡事情。您懂得我了。

我的背痛在这一年内有增无减，加上回台湾定居，找我的人太多太多，内心深以为苦。目前台湾大陆可以通邮，直接由大陆寄来的信很多（不必写地址的，只写"台湾"，三毛收，邮局就会转去我出版社）。我也知竹青叔处为了我收信很多。目前我的背疾已不允许写字，真是一字一痛，很担心四月回乡太累而再发更痛之苦，但不得不回去了。我很怕见太多人，可是不见不行。

竹青叔，等我回乡之后一定去拜望您。今春四月二十日左右一定在故乡了。母亲在大出血，已经不可能回乡，父亲守住母亲，暂不回来，由我代表父母回乡七八日左右。等母亲好些了再来，目前她在台北也是足不出户。其实在大陆，我最想的人是您。

……

竹青叔，我回"舟山"在心情上很复杂，很想多住一阵慢慢品味自己的故乡，也学学舟山乡音（我可以听，不会讲），可是我知道，如果我去了，乡亲们会很辛苦招呼我。这么一来，使我反而不好意思多逗留。我想我住在旅舍比较好，不然我是习惯晚睡晚起的人，住在任何亲友家，都不敢安睡，唯恐起床晚了主人等待为难，所以决定旅舍比较好。我大约在"舟山"一周就离开。

这是第一次来，以后可以常常来，一年一次当无问题。

竹青叔，我想带一些照片回来，有读者来信的，就如竹青叔的建议，送一张照片。

四月初我便上路了，见面有期。很可惜我母亲，大约今生不能回乡了。这件事我也不能多去想，一想要发神经病了。父亲说，他等母亲好些便回，我也只有口头上应应他，也不敢多讲，多说他东想西想，伤感太多，对他健康不好。

敬祝　竹青叔

新春健康快乐　竹青婶及妹妹全家平安

侄三毛敬上

1989 年 5 月 8 日

△叔叔，你的画稿，爸说：——要留下来传家，竹青是我们家人。

△此趟大陆之行，叔叔，我证实了自己的直觉，在求证之后我仍要说——竹青叔叔，你是我在大陆最亲爱的人。

△青叔不爱写信，请千万有空写字以解乡愁。

△在杭州共昏倒十次以上，血压40～70，有时90～150，都不正常。

注：三毛来信中，凡牵涉到不好公开的，笔者一律删去。这也是为了尊重书信提供者的意见。凡是加△信，均为来信摘要。

1989 年 5 月 16 日

竹青叔叔：

……

竹青叔，我的一生，是个痛苦的人，无非"爱才如命"的投入。

……

青叔，我不是个以"感情控制理智的人"，我一向是理智在控制感情，或说理智、情感相随如影，也不是个滥情的人。不然丧夫十年，还是没有机会再婚——机会太多太多了。而是"见人心喜"的世间人，实在不多。无论艺术上，人品上，我都自有"讲究"，倒是个精神上的贵族，不肯平民。

青叔，你一定要来信，以往信总是不多，叫人苦等。青叔，你岂是惜墨如金的人，而是你太内向，把一切感情寄情在书画里，不愿与人太热络，也是你爱宁静所至。但竹青叔亦不可看轻我在你肩头所洒之泪，为何初抵故乡，见亲戚时小哭，见你，方才放声大哭，此路境界就是：雷云翻墨未遮山，白雨跳珠乱入船，卷地风起忽吹散，望湖楼下水如天。

来信说说什么都好，家常、婶婶、戈息、戈止及戈平妹，故乡人事，物价，情况，随便写来，都是"家书万金"。叔，你可还要过分"宁静有益"。如果你不来信，反倒害了我失去心灵的宁静，又何苦如此对待我。

……

今年九月二十八——二十九——三十——十月一日，叔可否辛苦一点，单独来杭州四日，与我三位台湾朋友相会，食宿平平自会安排，旅费平平会想到，会有地方给叔小挥几笔，朋友会买下。我们同住一个旅舍，叔一个人住，安静，我们台湾朋友四五人来，故乡就不再去了。

此信请香港张乐平先生四子代转，同时由台湾寄出另一封，我亦影印存底。九月再来之事，只叔一人知道，婶婶不可讲出去。叔，我们九月二十八日左右杭州相见，如叔肯来，是要舟车辛苦。

……

叔，你看我仍在背痛如芒刺，却写这长信给叔的情分上，回信来好吗？

平平上

1989 年 5 月 20 日

△昨日清晨得一梦，叔叔突然来了台湾我处，当下大喜，立即收拾小楼上一间房要请叔安住……正是思念太苦而得之梦。叔叔请常来

信，以解想念之苦。等信……

△回来之后一场大乱，思绪仍然留在大陆，怎么也回不来，需要三个月的沉淀方才可能平静……我是顺其自然的人，也不勉强太过分克制自己的感情，只要此情不伤也就好了。

△大陆之行是我今生最劳累的一场旅行，因为情感不能割舍故乡，在精神也接近崩溃的边缘，体力上可说一日没有三小时睡眠，本想回台后入院大修……但台湾积压之大批信件，加上做人太周到，又拼命在写大陆谢卡。

1989 年 7 月 13 日

△收到来信，心中极喜，现在对青叔存有二种感情，一是家族关系就是如此，在舟山码头，见青叔方才大哭出来。另一是书画知己，这是没有辈分可言的另一种心灵筹资。两种感情交织在一起，相思之味十分复杂……

△生老病死本为常事，但我看父母如此，心中悲伤难禁。

△母亲这一次叫我出院后在父母家中休养三天，我内心十分感激，其实我是爱父母的，只是不敢接近给他们添麻烦。

1989 年 7 月 18 日

△现在吃得好，睡得足，也好了，身体也不尿血了，也有治疗，也有服药，感冒也好了，就是脖子再热都要包一块布（不然又咳）。

事情再度堆积如山(琐事、杂事，不写作仍忙)，我现在母亲家再住两日，便回家中来住，因我母身体仍在出血，可是她精神好了，就去煮饭、煮菜，我住家中她毕竟多做。我这一次回家中住，看见父母年老，心里很难过，想，如果搬回去住，这二老我又不放心，所以我下决心两边走走。七月二十四日我父眼睛开刀，是白内障，他近半年来常常摔跤，跌得小腿都见骨头，有一次跌在火车月台上。因为根本是眼睛有白内障，看不清楚，人嘛，很瘦。所以现在他七月二十四日要去开刀了，是"荣总眼科主任"替他开，住两日便出院，那之前我便搬回去照顾父母，目前可以回来住二十天，办办事情。

　　△我呢，写作太苦，三毛琐事太多(有时一天接八十个电话以上)，人情来往也多，开销吓死人，但自己都在节省。

　　△大陆我想回来六次，再下决定。人说三思而后行，我是六行便下决心。

1989 年 7 月 29 日

亲爱的竹青叔：

　　自从七月七日接青叔来信至今已有二十一日，其后有同乡带来《滕王阁序》四幅，是七月十日收到的。

　　我在六月二十日曾寄 3 号信，七月十四日寄出 4 号信，七月十八日寄出 5 号信，内容大半是谈青叔字画之事，同时亦寄出去青叔在此被刊出的一幅画。

　　这几日来，很渴望得到青叔收到六月二十日那封信的回音，因信中附上了我自宅家中照片二十多张，同时亦附上了一批邮票，也有长信。因我们此地对于通信偶尔抽检(并不是每一封)，不知国内会不会也如此做，所以我在信封上"明写"其中寄了什么东西，由何人寄。我想这样比较明朗。又怕人家一看内附邮票，拿走了。

自从回台之后，做梦见竹青叔来已不止一次。前数日又做一梦，在舟山，梦中我没有家，心里很慌张，天又暗了，而且在做大水，我走在水中，青叔和婶婶把我从街上叫回家，给我吃、住，说是戈止的家中，叫我安心。我于是就醒来了……

以前的信，都是讲书画比较多，现在讲讲家常。……前一阵我不与父母同住，原因在前几次的信中对青叔说了。现在眼看母亲情况恶化，父亲又躺了下来，我当然立即回去住了。因我的手足孩子们都太小，不可能去帮忙，再说我父亲跟我情感较亲。现在已不能不去管他们，看见父母老来病苦，我的内心有如刀割。其实也很惊慌，但强自镇定。……现大陆来信很多，我只在等青叔以及张乐平先生的。

目前我心里好似在等待一个答案，就是母亲的病。……可是母亲痛成那个样子，我都看了快疯了。也曾有一次，想去自杀，一个人跑回自家房中来发了一夜的呆，又回去了。竹青叔，很对不起，写了这样的信，我眼见癌细胞如此吃掉我母亲而束手无策，实在太痛苦了。"人生没有不散的筵席"这我明白，只是为何母亲要如此受尽痛苦？

以前，我丈夫突然撒手而去，那样惊吓和剧痛，至今没有平复，而此次，我所受到的是另一种：眼看心爱的母亲一日一日病下去，这种滋味，等于古代刑罚"凌迟"，我又受不了。

……

婶婶请一同看信，此为6号信。

我有些发烧，不再写了。请有空来几个字也好，因心中十分想念。戈平妹妹服我带去之药，有没有比较安静？副作用是瞌睡、口渴，有没有？但人可能比较快乐，有没有？念念。希望九月能来面谈。

请问候婶婶安好。弟妹好。

平平敬上

又：这是一支 PARKER 金笔写的信，下回我去，将此笔带去赠叔叔，是我最宝贝的一支笔了。

1989 年 7 月 31 日

△前月由小阁楼上摔下来，右腿足踝韧带断了，当时痛昏了几秒钟，在我自己家里没有人可叫唤，次日仍然拖着肿脚侍候母亲，后右腿青紫肿一直升到膝盖才去医院，拖了三天上了绷带。

△如果我无父母，可能现在又住在欧洲了。

△这次受伤我最注意的就是还要拖累我忙碌的家人，结果并没有给他们太多麻烦。

△父母两人都已倒下来，我实在心如刀割，但没有办法代替他们生病。

△我再也不愿谈婚嫁了，在台湾我没有（男）朋友，可是在国外还是有痴情的朋友在等待我，有几位，都不是中国人。我对国籍是不讲究的，可是父母年老了，我是唯一单身的孩子，想想父母的晚年，实在没有心思去为自己的将来找出路，而且也不愿嫁到海外去。

1989 年 8 月 15 日

△上星期，我又出现了"脑力耗尽"的病症。最严重的情形是，对于金钱完全没有反应。买书两百元，我付两百五十元，买三份报纸二十五元，我付五十元……幸好商店都帮我，提醒我，退给我。最严重的又来了，我开车出去，忘了车，自己叫车回家，过一下想，车子

打不到了，要拼命在街上走。最严重的是，我热菜，忘了，烧了两小时，邻居拼命叫喊，整个家中是浓烟，我关了卧室的门在看书……此类事件层出不穷。任何琐事，不记下来就忘掉，记了下来，又忘了去看记事簿。在这种情形下，我去看了"脑神经内科"，看见医生，我哭了出来，一直反复地讲"我对不起父母，我对不起父母，我对不起父母"。医生是深知我的，他对我厉呵："你承担得太多，你没有对不起他们，你精神上承担，经济上承担，快把自己逼疯了。"现在我在吃一种使脑休息的药，一般吃这种药会沉睡很久很久（休息），医生叫我住院，我不肯，因为杂事约会太多，都是早已答应的，责任心太重，不肯取消。对人失信，是我最不愿的事情。医生又让步，说："在家中服药，须要一个人守住你。"我讷讷不能回答。叔叔，识我者满天下，守我者无一人。

朋友们各有家庭，不可要求。父母一病，讲都不能对他们讲。于是我独自回来服药，沉睡，门窗锁紧，醒来时发觉公寓大门畅开，东西未动，想来是服了药，嫌太热，开门透风一下，忘了关上。

我对医生说，九月又要去大陆，他听了大骇，一定不答应，说不可再累，因我计划要去北京有事，他叫我延到十一月初方可去。这又叫我急死了，我答应了竹青叔九月必去。现在又反悔了，使我耿耿于怀，不只如此，也实是想念，另也有事必须亲交叔叔手中才放心。现在我先服药两周，看看情况。总而言之，今年冬日以前一定赴约。

……

叔叔猜得真对，我一生没有跟任何人写过如此多的信。原因是，叔叔不但人品一流，另有艺术修养才华，彼此有话可说，给叔叔写信等于休息脑筋，自然而然就写出来了，其中不必思考文笔。

……

叔叔，近中看了一首《半半歌》，正是我心中向往的一种人生态度，亦是好友侯秉政律师的境界，向叔请求两幅行书（要算价的），我抄在下一张纸上。

　　我不会写直行，因二十二年住国外，都没有写中文，只有横的抄起来。婶婶玉环不可再给我。被面不会舍得用的，我存起来，摸摸那光滑的感觉。父信已交，但他老得突然，可能不太写信，请叔原谅。婶婶一同看信，叔叔说婶婶贤淑，我也是如此看法，很想她。

平平上

　　又：邮票我会记住。今日找不到剪刀，下回再剪。我现在是什么东西都找不到，心力交瘁了。

半半歌

看破浮生过半，半之受用无边。
半中岁月尽悠闲，半里乾坤宽展。
半郭半乡村舍，半山半水田园。
半耕半读半经尘，半土半民姻眷。
半雅半粗器具，半华半实庭轩。
衾裳半素半轻鲜，肴馔半丰半俭。

童仆半能半拙，妻儿半朴半贤。
心情半佛半神仙，姓字半藏半显。
一半还之天地，让将一半人间。
半思后代与沧田，半想阎罗怎见。
酒饮半酣正好，花开半时偏妍。
帆张半扇免翻颠，马放半缰稳便。

半少却饶滋味，半多反厌纠缠。

百年苦乐半相参，会占便宜只半。

1989 年 9 月 12 日

△发去的电报不知收到没有？九月的大陆之行无法成全，心中正感深痛。此次急于来大陆，最主要的原因就是想念叔婶以及张乐平爸爸全家。

叔叔来信渐渐收到了，来信使我喜出望外，叔婶来信现在都有"存档"，不会失落，绝对不跟大批信件混杂。

△这次伤后憔悴很多，肋骨仍然没有愈合，睡姿已三个月保持向右倾斜，无法平躺，这使我睡不好，重的东西仍不能提。

△这一阵我是忙得没有了心思，自己身体很不好，信好久没有写了，四月赴大陆之前，我体重五十四公斤，走到舟山已瘦了很多，现在又瘦下去，是四十六公斤……

1989 年 9 月 30 日

青叔、婶婶：

九月十二日夜晚，我楼梯上摔下来，摔断四根肋骨，当时昏了过去，有朋友在家。醒来已被救护车送至附近一家医院。深夜，小弟陈杰赶来。当时，母亲方才出院一日（她已出入无数次了）。医院没有急救直到天亮，我因狂痛而昏过去数十次，后来哭叫，要氧气，医生没有处理。清晨六时休克，立即转送"荣民总医院"（妈妈那家，全台湾最大最好的）。救护车到时，已来不及送开刀房，在"急诊处"紧急开刀，来不及麻醉，只打止痛针……是碎骨头刺入肺膜。当时医生将一双粗管子插入我胸内，用"人工肺"帮忙。我是活活的被开了刀，叫成疯狗一样。以后三天昏迷，用了二十四小时的特别护理，医院发出"病危通知单"。十天后，我可自己呼吸，不再用机器。流了许多血。现是十八天以后，左肺已丧失了，但可活。病危那日，父亲来医院看我，我已被拖在机器上哭叫，惨叫。父亲来了两次，母亲在家中哭，她不会走路。姐姐在五天后赶回台湾。

叔叔，婶婶，我差一点不能再见你们了，如再在那第一家小医院中躺下去，再两小时，就死了。

现必须休养六个月，因伤在肺部，不可打石膏，要"自然愈合"。肋骨第五六七八根全断。

我在台没有"社会福利"，急救时我的出版商赶来付钱，当时我只是哭，他留在我枕下一包钱，走了。现我的"呼吸机"已不需要，只是日后要做"呼吸治疗"。可能转赴美国，因我有西班牙社会福利，可转去美国治，在台湾没有办法转来。这日后再说。

暂时无法通信。正在痛彻心肺，肺内有积血，已引出来 2000cc。

叔婶，我很对不起你们。经济无妨，我有出版商，他对我很好。十一月可能转美国，我单独去，有美国朋友转接。

你们不要急，命保住了。医生是最好的。

平平

1989 年 10 月 7 日

亲爱的竹青叔：

昨日尚与朋友谈起青叔，顺口说"近日没有来信，心中真实想念"，今日青叔的信已在信箱中了。昨日是好朋友请来了一位用心的裱褙师傅到我家中来，特为来看青叔的"日课"，与我商讨如何做成好好的册页又不破坏原字、原画的朴质风味，所以先试三种裱法以及不同的材料（绢、仿古、白原纸三种都试试）。

△叔婶，这一次的受伤，我最注意的就是——不要拖累了我忙碌的家人。结果并没有给他们太麻烦。我也不太喜欢人家一直在我身边陪着，家人要做的就是：煮菜时多煮一半，分给我吃一个礼拜，就好了。一般朋友，知道我的脾气，都是寄慰问卡，人不来。再亲些的朋友，人来，送民生用品，放下就走。所以我可以比较安静地在家中休养。

我是最爱安静的人，非常爱安静。没有人来最好。

△这一次关，关出滋味来了。人是习惯的动物。我安安静静住在四楼，足不出户，慢慢心也静得很，看书、听音乐半个月。后来那位导演问我可否工作了，我想了一想，"可以工作"，但是用脑，不出门的。于是二十天，我开始在家中编剧，为香港导演严浩开始编一个电影剧本。现在骨架、人物、时代、背景都有了基本观念。

……其实，人受如此大伤，方才一个月零三天，我已在家中开始工作。编剧费、工作费（大约由接到上映，最快十个月）十个月的收入，抵销不了十五天住院生病费。文人的可爱、可怜也在这里。叫我去为感兴趣的事情拼命，我就忘了吃饭，快乐地去投入。

△叔叔婶婶，请放心了，最痛苦的已经过去，最孤苦无依的心情，有了工作取代。最可宝贵的人生经历，又多了一种。我十分看重自己一生中种种挫折，叔叔，婶婶，我是内心很坚强的人，不是那种一打就倒下来的人。正如叔叔，很有"运动精神"。

美国已经可以不必去了（省省钱了，路费可以省掉！），因我恢复得非常好。一般人是娇滴滴的，我并不是。

△叔叔看信一定笑起来了，如释重负，又要摇头——刚刚才好，还不能出门（不能大步走，会痛），又在家工作了。叔婶请破涕为笑。大难之后，后福就是——又去创作了。钱不去管，欠了的是出版社，明年就可以扣清了，不怕。妈妈的病，已不再是我的痛苦，只有勇敢去面对它。叔婶放心。

平平匆匆

1989 年 11 月 29 日

亲爱的竹青叔：

前日是受伤之后第一次出远门，跑到父亲办公室中与父亲共同吃了一顿饭，中饭。父女两人谈谈话，我也就回来了。昨夜回家中去看母亲。母亲现在当我是客人，去了让座、陪话，我自己累，她也累，总是坐也坐不久（她讲客气话嘛，不讲内心话）。结果提了大批信件也就回来了。

△一时里，进入日常生活。叔叔来信中提到，希望奇迹出现，我再婚，使我内心非常黯然。叔叔，追求我的人，每年每年都有，而且最长纪录是"痴爱"我三十年的，当我十五岁，此人就爱着我，一等三十年。上星期他由美国回来（已来看我两次，自受伤后。是中国人），我努力想把情感交给他，但终究不成，因我对待生命太真诚，做不得一点假。又有一位，已等我二十二年，德国人，今年十二月二十七日将来台再看我（第四次来），我自己知，我实在不能嫁。又有一个，在澳洲，

十二月底又再来（今年内两次），我干脆不想再见面了。又有一个，等了我四年，美国人，我仍是不肯嫁。还有好几位不必提的人了。

叔叔（婶婶），我内心不是没有感到孤单，但我实在已经丧失了去爱一个男性的能力，这真是一种深悲。在台湾，女多于男，多少朋友羡慕我，说我追求者不断的，都是知识分子，人也好，但我不要。我是宁为玉碎不为瓦全的人，在情感上，尤其在男女的感情上，自律很严，也非常冷静，此点只有我父亲明白，他不乐观我的再婚，可是一旦我再婚，必然是个好妻子。

现在是侯律师、王恒、王小姐、林正贤、国文老师陈达镇、陈宪仁几个人通通电话，也不常见面了。他们都不是制造我婚姻的人，所以反而感情大方而从容。有时候，我也骂自己，这么好的人都来求婚，我发什么神经病仍不肯嫁。今日一个人，去小摊子吃上一碗面，最平民化的在街上吃，一个人吃，吃吃吃，快快吃出眼泪来。大名鼎鼎的作家，吃十五块一碗阳春面，人前风光，人后节省。日子嘛，不想也好，多想想，父母老了，终有一天曲终人散……经济嘛，尚可以赚取三年左右，长江后浪推前浪，我的书总有过去的一天。好，叔叔，我不再去想这种空茫的事情了，船到桥头自然直。戈平妹妹的事（注：倪老一女儿，有精神毛病，一向与倪老夫妇同住），我一想起来也是如此，但我比她年长，总可以经济上帮她，心里关怀她。人生是许多无可奈何造成的，叔叔，我们只有拿出打乒乓球的快乐精神来面对，不然不是活成了傻瓜吗？

△上面写信等于在休息。

△叔叔的字，我爱"行草""行书""草书"，不爱隶书。这就令叔好笑了，会回答我"岂能尽得人意，哈哈！"台湾有我不识的书法家（王恒借去几幅）评叔的字——（小幅的）草书第一流。行书行云流水。楷书书卷清雅。小草，频频写成游龙戏凤一般了，潇洒啊。

平平 敬上

1989 年 12 月 2 日

亲爱的竹青叔（婶婶、平妹不另）：

来信、人参、字画都已收到了。这是受伤以来最好的良药，叔叔字画是有效的安慰，人参我实在不太舍得吃，心里非常感激，这么名贵的东西千里迢迢带来为我，其实一见到，身体都好了。

△自我受伤之后，根本没有在食物上补过，桂圆台湾的确有，但我也没有吃过，主要是母亲长年卧床，手足实在忙不过来，再说我自己也很不喜欢注意吃的事情，因此这受伤之后，想，如果收起来不吃，叔婶一片好意被我辜负了，如果吃，要谢谢叔叔婶婶，今生只有母亲吃参，我们小孩子是还不够资格，想来想去，还是吃下去，讨叔婶安心。于是我今日去买了一只鸡，再把人参拿去医房，请人切一切，就煮了进补。下决心，还是吃。叔叔婶婶，我拖累了你们，这么贵的补品，也去买来给我，干海产又因为我先言未能来而事先预备，这实在使我心里难过，因我对叔婶至今没有尽上一份心意，等到明年，无论电影开不开拍，我一定要来了，因实在想念。

△叔叔，现在对于我是越来越了解。我的个性不是十分娇柔的，也实在不会静养。过去的半生，因为不在父母身边，在外国二十二年，只有六年多与丈夫同处。其他时候，我一直过惯相当清苦的日子，也养成了我很刻苦耐劳的能力。这一次失血 3300cc，在别人呀，大概要请保姆来帮忙养病了，也会一日三顿起码。医生请我住院一个月整，可起床，就走了，才十五天。以后的日子，长门深锁，一个人，也不知道是怎么活下来的，反正脾气很硬，不肯回父母家（实在不忍再拖累母亲，她一个人吃吃，睡睡，比较安静，我一来，她必张罗）。不到一个月满，我躺在沙发上"动脑"了。现在受伤两个半月左右，一百一十分钟的电影被我编了出来，这中间，是一天十六小时，有时与导演吃吃面条、咸蛋，有时两人吃吃稀饭、皮蛋，也在工作也在生

活，狂热的带病工作。大明星、天王星、天王巨星林青霞笑说："三毛摔伤了，严导演心里最高兴。因为她东奔西跑，不肯静心下来编大剧，现在好了，肋骨断掉，不能动，结果好作品出来了。"叔叔，我想我是要早死的，因我透支太多生命，但人的一生，只要欢喜就好，长短没有关系。养养病，结果是变成"疯狂大工作"，朋友们笑死了。这种剧本，一年只可以一次，比写作又累了太多太多。

△前几天，我已开始正常生活，上街，去出版社，出短稿，为自己的生活用品上市场，打扫房子，会见朋友，回父母家中……医生也不看了，但人十分容易累，走路回来后，肋骨仍痛，夜间仍是保持右躺姿势不可动。

△医生说——三毛是很坚强的人，她不肯病歪歪的，意志力很强。这也是对我好的。只是现在背疾仍在，背痛仍未好，天冷了，就比较痛。

△人是慢慢好了，但"三毛的社会活动"又慢慢进入了我的生活。我个人非常享受安静的日子，看书是我一生的兴趣，旅行的花费，只有免费时去玩玩，最近也不动了。三毛的事情很杂，信件多到一个月六百封到一千封以上……

△收入，在台湾的生活水平，一个文人的稿费，实在已经没有用了……衣服也不买了，书籍"有节制的买"。量入为出。

△"人生苦多乐少，不大笑，活不下去。"我所以寄大笑的给叔婶。另一封信，有关叔"绘画"的，找出来就寄出。叔叔又有突破。

叔婶，我们是一家人了，名贵补品、书画都不再言谢。放在心里。想念。明年一定来，但不回故乡去。杭州。

平平 敬上

又：不过，明年我是一定要去杭州的。今年年底有那位德国朋友来，他与我是西班牙马德里大学同学，而今已是德国外交官——大使。

爸爸对我说——你们两人认识二十二年，没有感情也当有了很深的了解，再说，你又要配上谁呢？外国大使夫人给你做，你仍不做？叔叔，我这次要与我的朋友真真诚诚地谈一谈，如果再不成，那我就绝对不再给他希望了，真的，大使夫人也不很稀罕。如果他能答应我，一年不必十二个月在他身边，我去想想嫁不嫁。不过要等十二月底我自己才明白。……

平平 再笔

1989 年 12 月 23 日

△自从我受伤之后，又看清楚了很多人、事，心中反而越来越淡然，对于人生和社会，没有了要求，一点也没有，正如青叔来信所说，"犯难中见精神"，我是看得透透彻彻，对谁也没有要求。

△因为心灵上也是更加凄凉，如果不是少小离家，颠沛流离惯了，目前一个人住是撑不下去的。我一生酷爱读书、旅行，爱好的生活也是一种文人雅士的品味，平日生活也是书市、郊外，甚少涉及其他，是"书读头"一个。内心其实也是心气极高之人，一般声色犬马的谈话，我不为，争名夺利更加不屑，所以无形中，就把朋友的范围收得极严，不大与人应酬。

又：婵婵，我一生未曾吃过如同婵婵叔叔给我吃的好药。真的，太好了。

平平 上

1990 年 1 月 10 日

△我母病父老，我不可远嫁，心有牵挂。一旦嫁了当回乡拜见叔婶。

△我的健康在近两月来，一天十六小时工作加上前次的伤之后，实在是意志力在撑住，现在剧本已告一段落，我的意志力崩溃了……我已有二十日左右，记忆力又有混乱现象，做事无法集中，失眠，起床后就趴在沙发上，常常四五小时力竭般不能动。台北雨季又到了，肌肉背痛再度大疼，怕听声音，紧张，不愿参加任何应酬……这都是编剧完成后又产生的现象。

1990 年 2 月 23 日

△我因一个月中又犯严重流感，全身无一丝气力。前半月去市中心一家医院看脑神经内科，住院后记忆力混乱，谁来探亲，谁来了几次，自己住了几天，完全不明白。医生说这是脑力耗竭了才会如此。林青霞在电话里说要来院看我，我便控制不住地大哭，完全神经质地痛哭。医生开的吃了会睡的药，我丢掉骗他吃了，每日瞎闹，但无法控制。

1990 年 3 月 27 日

亲爱的叔叔、婶婶：

来信两封（婶婶长信）都已收到了。这一阵我背又痛，眼睛不能用太久，匆匆写几笔使叔婶安心。

△叔叔、婶婶，我们是一种君子人，这种人在某方面是有缺点的，就是对于金钱非常不去争，也争不过人家。这半年来，我为了剧本吃尽苦头……

△叔叔，婶婶，我在精神上，心情上，不是太好，医生开给我的药方是——离开台湾，去旅行。这非常对，是精神科开给我的。而我被这剧本也迫死了，改了快一千次以上大大小小的场，已失去热情。现在是，青叔，婶婶，不要担心，我要去走一趟今生今世要去的地方了——我四月九日将赴兰州——酒泉——敦煌——吐鲁番——乌鲁木齐——成都。……

△赴杭州，是为了与叔婶欢聚。……我们决定杭州会面。

叔叔婶婶，我们是很相近的人格，彼此不要再在这种金钱小事上去客气，我心中尊敬叔婶绝对不是没有理由的。当然我们住在一起，不过三四日相聚，花得了多少钱呢？而人生几何，我们难道在三数日的相聚中尚不住同一家旅舍吗？五月中旬我想，我还是先来杭州好，悄悄地来（以免上海亲戚跟来），再去上海看张乐平爸爸。我会尽早通知叔叔……

1990 年 6 月 11 日

亲爱的叔叔（婶婶一同）：

△上回长信收到了吗？又是一阵未写信。日日在想念中。

朋友陈达镇目前仍在大陆，他是一个人赴大陆的。带的钱也很少，已经接近两月，消息全无，他家人收到他自杭州寄出的一封明信片，便再也无消息了，猜想他舟山没有去。却令叔苦等，对不起。

△这十天来，我在赶稿，前一阵也在写，已经七十小时未睡眠，

我写信快，写稿超慢。

△今日写一篇好文，叫作《夜半逾城——敦煌记》，境界很美的，接近佛学。很吃力了，六月七日始未睡一秒钟。

最近作品偏向"平平实实淡淡泊泊"，叔婶过目。

叔婶近况如何，十分挂念。

△很累，我去睡了。

妈妈近来尚好，星期日都出去走走了。

平平　敬上

又：叔叔婶婶，……来玩。环岛去，我有车子。但我们没法子在法律上证明我们是亲戚。这是王恒与我分析出来的。不过，我预备回大陆去住住了，三年内决定，看台湾局势。

1990 年 6 月 30 日

△德籍大使男友有信来，叫我二月二十八日去泰国晤面三天，我已回掉了。目前身体太差，做大使夫人应酬太多，自找苦吃，我不想嫁。

△有时候我也骂自己，这么好的人都来求婚，我发什么神经病仍不肯嫁。

△我一生最弱的就是"情"字。物质上我可以很苦，但精神上非常需要温暖，所以人一冷淡我，如是我心中在意的人，我就痛苦。

△肋骨断后已不能提重东西，菜场也有一段路，所以我每天只吃一包方便面度日，直到后来又尿血，又去赶了一篇稿，不吃不喝不睡

十小时交了稿，上街去买牛奶时，一路昏倒又起来，在人家店中又被绊倒，又在人家架子上再仰摔一次，恰好卡在去年断骨伤口上，又痛死了……

1990 年 8 月 8 日

△这一次请叔婶住杭州最幽静的花家山宾馆三日，便赶回台北。人生能得此三日相聚，已是浮生幸事了。

1990 年 9 月 8 日

△在"喀什"我得了急性肠胃炎，吐呀，痛呀，泻呀，身边没有一个人。但后来旅行社朋友来接一看，又将我送回乌鲁木齐去了。脱水，缺钾。

△叔婶，我的一生，最是自讨苦吃。我爱挑战，会早死，别人一辈子的生命，我拿来活了一百次，合算。

△好，要撑不住了，我去睡。

平平上

注：此信写在成都岷山饭店信笺上。

1990 年 10 月 14 日晨

亲爱的叔叔、婶婶：

匆匆相聚，又是别离。

这次能够再见，已属人生极大幸福。三番两次说来不来，最后终于来了，虽然事情太多而累乏，但心中对于叔婶两人的短短晤谈，仍是极欣慰的。只是辛苦了叔婶舟车劳苦，心中实在不忍。

本想明晨起床相送，未料杭州亲戚陈鸿与他儿子深夜赶来宾馆，我无王建学小姐在身畔，失去缓冲之人，只有再换衣服，下楼至警卫室迎见。再叙亲，至深夜方休。上楼时已筋疲力尽（陈鸿为我外祖父的妹妹的儿子）。现担心清晨醒不来而不敢入睡，实在支持不住就睡了。自去年别后，我不但身体受伤，心灵也曾受伤，在对待人生的态度上，已十分淡然豁达。这一点，叔婶在我的言行上可能看出不同。现在又接到苏州、成都长途电话，我的日子基本上是如此忙乱的，但心很静。

叔婶在过去的一年半来，为我担当了许多心事，内心的感激是难以形容的。往后的日子尚有碰面的机会，只是今日杭州又出现陈鸿一大家亲戚（共二十余人以上），令人在下次来杭时更加当心保密。

叔婶，对于戈平妹妹之事，只有放开心怀，这一点当然是难上加难，但是日子总要过下去，如心中暗藏悲伤，于事无补，此话看来无情，但为"现实态度"，叔婶一定在往后生活中做到安之若素的坦然。这亦是我深深不放心的事。

明年一定再来，与好友同来与叔婶同游。感伤之言，不必多说，人生能够有此三日，已是三生有幸。叔婶，谢谢一切的一切。

祝

旅途平安

抵台后便写短信。

平平敬上

1990 年 12 月 13 日

叔叔（婶婶）：

很想念。我仍在忙，下月去香港颁发"最佳歌曲大奖"。杂忙。

辛苦了那么久的事情，终于落幕。

电影得了八项大奖，其中"最佳原创剧本"奖落选。（最大奖"最佳剧情片"仍被我们得来）这其中落选的原因也很明白了。我还是伤心难禁。叔叔，我是被牺牲的。一时不能写长信，安静下来再讲。

平平

注：此信写在《新闻周刊》（12 月 17—23 日）复印件上。

绝笔信一封

1991 年 1 月 2 日

　　叔叔（婶婶）：很想念，很想念。（父母处信收到了。）我非常累，写不动信。一周瘦一公斤。快速地瘦。十二月两度入院。中间金马奖又出院参加。

　　△现一月三日住院开刀。

　　△我没有什么，只是"劳保"医药费总共政府管五十万台币，用完五十万便不再负责。昨日我立即去投保另一种美国保险，他们已不能受理我。不能骗，要诚实说。这种病，是一个地方发的，会拖。我下半年没法工作了，手边有四个剧本也不能接不能做了。好在有房屋有版税，我不可能叫老父亲付我药费。

　　△叔婶，金马奖也落幕，都是往事了。对叔婶的情感，才是真的。

　　△"寿衣"想来很好看，我倒是也去做几件放着。人生一场，劳劳碌碌，也不过转眼成空。这几个月来忙得太厉害，老友侯、王只见一次。叔婶保重，我一月三日开刀。

△我没有信表示在休息。此地医院不给人长住，开了四天就赶人回家，我请人帮忙了，住自宅。

平平

注：此信在第一张信页右上角写："又：我生什么病我父母不知。来信请不提。只告去刮子宫。新闻界也不知。我姐知道。我开刀一个人去。"

左上角写："叔嘱我去查的出版社会去查，这阵子太忙太忙，没有去弄。"

信封背面写："来信刚刚收到。放心，无法再工作了。真想大哭出来。"

摘录三毛致倪老书信至此，为三毛的爱、真情、孝道感动，为三毛生前最后的岁月所经受的病痛和心无所依心疼流泪。因为私人书信不比文学作品，写者没想到要发表，故是另一种真实的心声……

三毛生平年表

1943 年 3 月 26 日（农历二月廿一日）

出生于中国重庆黄桷垭。浙江省定海县人（现舟山市定海区）。

取名陈懋平。

血型：B。

属相：羊。

星座：白羊。

基督教家庭。

父亲陈嗣庆，律师职业。

母亲缪进兰，家庭主妇。

三毛行二，姐姐陈田心，后有大弟陈圣，小弟陈杰。

1946 年，3 岁。

改名"陈平"。

随家迁居南京头条巷 4 号。读生平第一本书《三毛流浪记》。

入鼓楼幼稚园接受幼儿教育。

1948 年，5 岁。

随家迁往台湾，定居台北建国北路朱厝仑。

1950 年，7 岁。

入台北中正国民小学读书。小学时期，每月阅读《学友》《东方少年》杂志。读鲁迅、巴金等人的作品和一些西方文学名著。

1954 年，11 岁。

和一位哑巴驻兵建立友谊。在老师的逼迫下，不得不与哑巴疏远。

1955 年，12 岁。

在一位驻兵军官的宿舍里，被一幅少女画像所感动，从此体会到绘画之美。

1956 年，13 岁。

读《红楼梦》，顿悟文学意境之美，与文学结下不解之缘。

在校演话剧，饰匪兵乙，"爱上"饰匪兵甲的男生。此后半年里，每晚默祷将来嫁给他做妻子。

读金庸《射雕英雄传》，从此成为金庸武侠小说的热心读者。

1957 年，14 岁。

随家迁居台北长春路。

小学毕业，考入台北市立第一女子中学。

1958 年，15 岁。

读《水浒传》。

在学校，受到数学老师的羞辱，患少年自闭症。逃学到公墓里读书，被发觉，遂休学。

一台风之夜，割腕自杀，被送往医院抢救，缝二十八针。

跟父亲学习语文、英文、钢琴等。曾先后在美式和日式学校短期学习。

先后师从黄君璧和邵幼轩，学习国画。

自取英文名 Echo。Echo 意"回声"，原是古希腊钟爱水仙花的女神的名字。

狂恋西班牙画家毕加索，梦想成为他的另一个女人。

1959 年，16 岁。

再度被注册入学。仍不能忍受学校生活，常常逃学到图书馆读书。遂长期休学在家。

1960 年，17 岁。

自十五岁起，常到香港探望外婆。

1962 年，19 岁。

五月，师从顾福生学习油画。经顾福生激励，接触现代派文学。十二月，由顾福生推荐，在台湾《现代文学》杂志发表处女作散文《惑》。

1963 年，20 岁。

发表小说《秋恋》和《月河》。

替台湾广播公司写了几个月的广告文字。

进台湾文化院哲学系，当选读生。

1964 年，21 岁。

与本校戏剧系男生梁光明热恋。梁光明，笔名舒凡，后成为台湾小说家。

1965 年，22 岁。

听到一张西班牙古典唱片，深受感动，产生神往。

1966 年，23 岁。

发表小说《极乐鸟》。

失恋。为摆脱爱情痛苦，赴西班牙马德里大学哲学系留学。住天主教书院宿舍，由父亲供给生活费。

1967 年，24 岁。

书院院长指责她卖避孕药和引诱女生偷喝圣酒，她大闹宿舍。

在一位朋友家与荷西相遇。荷西一见钟情。

冬，荷西求婚，希望三毛等他六年。三毛拒绝。

1968 年，25 岁。

到法国、德国、意大利、荷兰等国旅行。

拒绝日本男友求婚。与一德国男生恋爱。

1969 年，26 岁。

自马德里大学毕业后，在马略卡岛做了三个月导游。

申请入读西德自由大学哲学系。在西德歌德学院攻读德语，成绩优异。

十二月，应征到西柏林"西方百货公司"做化妆品广告模特，卖了十天香水。

拒绝德国男友求婚。

1970 年，27 岁。

到波兰、南斯拉夫等国旅行。

获得德国语文学业毕业证书，取得德文教授资格。

赴美国芝加哥留学，在伊利诺斯大学主修陶瓷，并谋得在该校法律系图书馆公式图书分类的工作。

拒绝一位来自中国台湾的化学博士的求婚。

1971 年，28 岁。

自美国回台湾后，先后在台北文化学院等任教。

1972 年，29 岁。

与一位德国教师订婚。结婚前夕，未婚夫猝死。极为悲痛，自杀未遂。

1973 年，30 岁。

再赴马德里。在一家小学教英文，月薪相当于四千元台币。与三个西班牙女孩合租一所公寓，常常结伴游玩。

荷西两年大学和四年兵役结束，与三毛相逢。情归荷西。

毕加索逝世。

为李泰祥作了九首歌词，其中《橄榄树》最为流行。

1974 年，31 岁。

二月，荷西为了三毛，到西属撒哈拉一家德国磷矿公司工作。

四月，到西属撒哈拉，定居西撒首府阿尤恩坟场区金河大道。

七月，与荷西结婚。两人白手起家，开始艰苦、幸福、浪漫的家居生活。

在台湾《联合报》上首次以"三毛"笔名发表小说《中国饭店》。

1975 年，32 岁。

夏，并发多种疾病，几乎丧命。

十月，海牙国际法庭判决西属撒哈拉民族自决，西属撒哈拉陷入战乱。三毛被迫离开沙漠，定居在大加纳利岛一座滨海社区。

1976 年，33 岁。

遭遇车祸受伤。

荷西失业。经济十分拮据，每日只能吃一顿饭。

由台湾皇冠出版社出版作品集《撒哈拉的故事》《雨季不再来》。《撒哈拉的故事》轰动文坛，极为畅销，三毛从此成名。

六月，回台湾探亲，治好所患妇科病。八月，返大加纳利岛。

1977 年，34 岁。

荷西赴尼日利亚，在一家德国潜水公司工作。三毛两次到那里，为丈夫索要薪水。

由皇冠出版社出版作品集《稻草人手记》《哭泣的骆驼》和译作西班牙漫画集《娃娃看天下》（与荷西合译）。

1978 年，35 岁。

荷西在丹娜丽芙岛从事海洋景观工程。三毛随往。

年初，沉醉石头绘画，劳累成疾。

1979 年，36 岁。

荷西在拉芭玛岛从事潜水工程，任组长，薪水较高。三毛随往。

由皇冠出版社出版作品集《温柔的夜》。

三毛为了荷西，停止文学创作。

九月三十日，荷西在海中业余捕鱼时丧生。三毛感情受到沉重打击。

回台湾。

1980 年，37 岁。

春，到东南亚旅游。

三月，赴大加纳利岛。途经瑞士、法国、意大利、奥地利和西班牙首都马德里，探亲访友。

到拉芭玛岛，整修荷西坟墓。

九月，出售旧居，迁入附近一座花园式小楼。

1981 年，38 岁。

由皇冠出版社出版作品集《梦里花落知多少》和《背影》。

五月，应邀回台，参加台湾广播电视"金钟奖"颁奖典礼。

1982 年，39 岁。

五月，在《联合报》的赞助下，赴中南美洲旅行。游览墨西哥、洪都拉斯、哥斯达黎加、巴拿马、哥伦比亚、厄瓜多尔、秘鲁、玻利维亚、智利、阿根廷、乌拉圭、巴西等十二国之后，回到台湾。

九月，应聘到文化学院中文系教授"小说研究"和"散文习作"课程。

由皇冠出版社出版游记作品集《万水千山走遍》。

由皇冠出版社出版译作《兰屿之歌》（丁松青原著）。

1983 年，40 岁。

在文化学院开《红楼梦》《水浒传》等课程。

由皇冠出版社出版作品集《送你一匹马》。

由皇冠出版社出版译作《清泉故事》（丁松青原著）。

1984 年，41 岁。

因教书过劳多病，辞去教学工作。

同时写作三本书，并从事翻译和歌词创作，极度劳累，记忆力严重衰退。

多次去美国休养治疗。

1985 年，42 岁。

出席新加坡"国际华文文艺营"和"新加坡华文文艺金狮文学奖大会"，结识大陆作家秦牧等人。

由皇冠出版社出版作品集《倾城》《谈心》和《随想》。

赴美国西雅图养病，并在一所补习学校学习英文，以打发时光。

1986 年，43 岁。

春，回台湾。

赴大加纳利岛，将那里的住宅出售。十月，回台湾。

作品在中国大陆大量印行，受到热烈欢迎。

由皇冠出版社出版译作《刹那时光》（丁松青原著）。

由皇冠出版社出版有声作品《回声》。

1987 年，44 岁。

由皇冠出版社出版作品集《我的宝贝》。

由皇冠出版社出版有声作品《三毛说书》。

1988 年，45 岁。

由皇冠出版社出版有声作品《流星雨》。

由皇冠出版社出版作品集《闹学记》。

1989 年，46 岁。

四月，首次赴大陆上海、苏州、杭州、舟山等地探亲访友，并拜访了张乐平。

从父母家中搬入其在育达商校附近的住宅。

1990 年，47 岁。

在家中楼梯失足摔伤。

创作电影文学剧本《滚滚红尘》。同年，随摄制组赴大陆拍摄。不久回台。

赴大陆陕西、甘肃、新疆、四川、西藏、湖北等地旅行，后回台。

九月，赴大陆成都、上海等地旅行，后回台。

十一月，赴香港为电影《滚滚红尘》首映做宣传。该片受到港台一些媒体的政治攻击。

十二月，台湾电影"金马奖"评委会宣布评选结果，《滚滚红尘》未获最佳编剧奖。

1991 年，48 岁。

一月二日，因患子宫内膜肥厚症住进台北荣民总医院。

一月三日，接受清除子宫内膜肥厚手术。

一月四日凌晨，去世。

三毛作品中文版本录

　　台湾皇冠出版社三毛作品的出版顺序如下：《撒哈拉的故事》、《雨季不再来》、《稻草人手记》、《哭泣的骆驼》、《温柔的夜》、《娃娃看天下》（译作）、《娃娃看天下（二）》（译作）、《背影》、《梦里花落知多少》、《万水千山走遍》、《兰屿之歌》、《送你一匹马》、《清泉故事》、《倾城》、《谈心》、《随想》、《刹那时光》（译作）、《三毛说书》（有声书）、《我的宝贝》、《流星雨》（有声书）、《闹学记》、《阅读大地》（有声书）、《亲爱的三毛》、《滚滚红尘》（电影原著剧本）。

　　三毛的作品均由台湾皇冠出版社首先出版，最早的《撒哈拉的故事》1976 年 5 月初版。最晚的《滚滚红尘》1992 年 12 月初版。共二十四本。

　　2014 年，在三毛去世二十三年后，台湾皇冠出版社又推出《三毛典藏》十二册，2014 年 4 月初版，此次台湾皇冠出版社同时推出英文版《三毛典藏》。

　　中国大陆出版的三毛作品集有多种版本，其中较早的有广东旅游出版社《三毛作品集》（十八本，1996 年 10 月第一版）；哈尔滨出版社《三毛全集》（十九本，2003 年 7 月版）；另有漓江出版社、湖南文艺出版社等出版过《三毛作品集》。还有多家中国大陆出版社出过《三毛经典作品》《三毛作品集》《三毛散文集》等多种。

　　其中北京十月文艺出版社《三毛全集》（十一册），多次再版。2014 年北京十月文艺出版社推出三毛译作《清泉故事》《刹那时光》，同时推出三毛佚散文稿作品集《你是我不及的梦》。还推出《三毛典藏全集》（十一册，内容书名同《三毛全集》），有套装。2017 年推出又一新版《三毛全集》（十四册，封面重新设计），同时推出新的《三毛典藏全集》（十四册，有套装，原先十一种，加上《清泉故事》《刹那时光》《你是我不及的梦》）。目前，中国大陆唯一授权出版三毛作品集的是北京十月文艺出版社。

故乡定海的三毛印记

三毛祖居

1989年4月，三毛回到定海小沙乡祭祖探亲。此次祭祖后，三毛对故乡更加思念。她在给堂哥陈懋文的信中说："此次回乡之后，乡愁更深。我在台湾生活了几年，在国外二十三年，从来没有如此爱恋一片土地像中国，这种民族情感是没有办法从我心中拿走的。"

1991年1月4日，三毛去世。为纪念三毛，2000年6月，小沙镇政府把其祖居的五间正房辟为三毛纪念室，以"充满传奇的一生""风靡世界的三毛作品""万水千山走遍""亲情、爱情、友情、乡情""想念你！三毛"为主题，分别陈列三毛的遗物、各个版本的作品、各个时期的照片以及中外人士缅怀三毛的文章。

舟山名人馆

历史上的定海行政区划含现在的定海区、普陀区、岱山县，相当于现在的舟山市。

舟山历史悠久，名人辈出。早在六千年前的新石器时代，就有先祖在这片岛屿上开荒辟野，繁衍生息，自唐代开元二十六年（738）置县至今已有一千三百多年历史，先后涌现出明朝状元张信，抗倭名将侯继高，巨商大贾朱葆三、刘鸿生，学界翘楚黄式三、黄以周、金性尧、三毛等人。

舟山名人馆，位于定海总府路132号。单体两层建筑，总建筑面积一千多平方米，馆内布置政界名士、军界武将、商界巨子、学界翘楚和高僧布衣等五个名人展厅。

步入古色古香的舟山名人馆内，但见具有代表性的历代名人三十六位(组)，四十一人。图文并茂，2014年12月27日，舟山名人馆落成，三毛生平事迹列入展厅，尤其引人注目。

舟山名人馆展厅介绍三毛的文字如下：

陈平（1943—1991），笔名"三毛"，祖籍定海小沙，出生于重庆，后随父去台湾。曾就读于台北文化学院、马德里大学、柏林歌德文学院。居住海外十八年，游历五十多个国家。后回台湾定居，在文化学院任教，并潜心写作，结集出版小说、散文十四部，翻译四种，电影剧本一部，约五百万字，译成多国文字，蜚声海内外，在台湾和大陆引发"三毛热"。1991年以西班牙文作品获得西班牙塞万提斯中篇小说奖。三毛于1989年4月曾回大陆探亲、祭祖，自称"小沙女"，并到多处参观，爱乡之情，溢于言表。

三毛纪念馆

定海小沙陈家村有个三毛祖居，为了做好三毛品牌，定海决定在城区建立三毛纪念馆，与三毛祖居，舟山名人馆，连成三毛旅游一条线。经多次选址，三毛纪念馆选在柳永文化广场，2017年8月1日建成开放。

三毛纪念馆以现代科技元素，展示三毛的一生和影响。展示内容由三毛简介、三毛人生、天涯寻梦、三毛作品、屐痕处处、生命拾萃、雨季不再来、撒哈拉沙漠等组成。

在定海柳永文化广场还建有三毛书吧。

三毛研究会

1999年2月，由定海区小沙镇发起，成立了舟山市三毛研究会，2016年5月注销。

2015年定海重新筹划成立三毛研究会，由定海区委宣传部、定海区文体局、定海区文联发起，三毛"叔叔"倪竹青为"三毛研究会"题字。

2017年5月，定海区文联牵头，以何徐华、冯季红、钟志平、白马、陈锟五人为发起人，向区民政局提出成立舟山市定海区三毛研究会的申请。2017年9月4日，定海区民政局批复，同意成立三毛研究会。

三毛研究会第一届理事会，童姣、郑泓湖、侯宏琦、王海娜、杨怡芬等十四人当选理事。

选举白马为会长，陈锟、陈瑶为副会长，陈瑶兼秘书长，方云、徐永华为副秘书长。聘请何徐华、冯季红、倪竹青、陈田心（三毛姐姐）、陈杰（三毛弟弟）等十一人为顾问。

聘请来其、傅文伟、周晨、倪浓水、金涛、张慧飞、杨海蒂、陆春祥、何冰、董琳娜（西班牙）等二十人为首批专家委员会成员。

三毛公园

三毛公园，位于小沙陈家村三毛祖居入口对面，2018 年 10 月建成，公园花开成海，有三毛在故乡骑自行车的铜像雕塑。公园地面之路，从空中俯瞰，似一个"沙"字。

三毛散文奖

2015 年 1 月，定海区文联建议设立以三毛命名的文学奖，得到区委、区政府重视，并征得三毛弟弟陈杰同意，决定由区文联负责筹备工作。通过努力，"三毛散文奖"列入浙江省作家协会三大文学奖之一（另两大奖是郁达夫小说奖、徐志摩诗歌奖）。

"三毛散文奖"是以浙江定海籍当代女作家三毛（原名陈平）命名的散文类文学奖项，面向全球华人作家。

2016 年 10 月 26 日下午，首届"三毛散文奖"新闻发布会在定海新华侨饭店会议中心召开，宣布"三毛散文奖"正式设立。

三毛的姐姐陈田心和外甥女黄茅芸等亲属，以及三毛的"叔婶"倪竹青夫妇应邀出席。主办、承办、协办单位代表，本地文化界代表及来自全国各地二十名三毛粉丝列席。境内外、中央、省区市近四十家媒体参加新闻发布会。

首届"三毛散文奖"，由《人民文学》杂志社、浙江省作家协会、中共舟山市定海区委、舟山市定海区人民政府主办，浙江省散文学会、舟山市作家协会、定海区文联承办。

"三毛散文奖"两年一届。评选范围为散文作品集、单篇散文作品。

定海以举办"三毛散文奖"的方式纪念三毛，进一步推进三毛文学的影响与研究，打造"三毛品牌"系列文化活动。把定海打造成三毛文学奖的主办地及颁奖地、三毛文化的传播地、三毛旅游的首选地、三毛研究者和三毛粉丝的聚集地。

2018 年 4 月 20 日，第二届"三毛散文奖"在三毛故乡定海启动。

以三毛之名，致敬三毛，致敬文学。

后记
我以我心写三毛

一

2017 年 11 月 1 日，我完成了《世之奇女：三毛》初稿。

放下笔，休息了半个多小时，同事方云来到我办公室，对我说："我知道你在研究三毛，写三毛传记，送你一小瓶来自撒哈拉沙漠的沙，这是我一个朋友到西班牙撒哈拉沙漠带来的。""一沙一世界"，在我完成"三毛传"的时候，拥有了一小瓶撒哈拉的沙，这真是老天的馈赠!

当天晚上，诗兴袭来，我用四小时，写出了长诗《挽歌：献给三毛》六百行的初稿。两天之后，三毛忠实的读者何冰（长得像三毛），又给我带来了两瓶珍贵的与三毛有关的沙。

三小瓶沙，成为《世之奇女：三毛》完稿最好的纪念。

二

2010 年，我完成《柳永传》（柳永曾任定海盐官），开始将目光投向了名扬天下的定海籍女作家三毛，心中计划着要写一本"三毛传"。

《柳永传》出版后，我与董瑞兴先生等找到原市政协主席姚德隆，建议建立柳永文化广场，姚德隆找到时任舟山市市长周国辉，周国辉批准了柳永文化广场立项。《柳永传》是先出书，再呼吁建议建立柳永文化广场。

而《世之奇女：三毛》却相反，是三毛散文奖、三毛纪念馆、三毛公园等先启动和建成，而我的传记还未完成。

2014 年，我等首先提出建议，设立以三毛命名的文学奖项，2015 年开始筹划，2016 年 10 月 26 日，首届三毛散文奖发布启动。

2015 年开始，边参与筹划三毛散文奖，边构思酝酿《世之奇女：三毛》的创作。先是理出总体思路、列出各章目录，2015 年写了两章，2016 年仅写了一章。

三

2017 年 9 月初开始，心境开始澄明，内心有了静气，终于再次进入创作状态。用两个月，完成了后六章的创作，写下了二十万字初稿。

每天从晚饭后一直写到凌晨两三点钟，烟一支接一支，酒不时来几口，以此保持写作激情。

我写作，喜欢用笔写，有的写好后誊抄一遍再叫人打印。就这样吃"两遍苦"。

好在后七卷写作过程十分顺利，冥冥之中，感应有三毛之灵，保佑相助，我一遍遍听《橄榄树》，一行行地写……就如汪乐或女士常对我说："白马，三毛会保佑你。"

记得 2016 年 9 月 16 日下午，通过了三毛散文奖设立启动事宜，我骑车，头上突然飘下丝丝小雨，内心有一种奇异的清凉感觉，我很自然地想到三毛有灵。我在心中对三毛说，是你高兴得流泪吗？

颁奖典礼前夕，我忙到十二点半回家，天下大雨。我在微信中写道："三毛，今夜的雨，下在你的故乡定海，是你感动喜悦的泪水吗？"

四

大约 1992 年 11 月 4 日，我在定海解放路的热门书店买了三毛的第一本书《港台抒情文学精品·三毛卷》，因为书中有介绍评析文字，所以买了这一本。

2002 年开始多次造访三毛祖居（有时陪外地文友），当时三毛祖居有广东旅游出版社小 32 开本的《三毛作品集》（共十八本）出售，我每次买一两本，加盖"三毛祖居"章作为纪念。陆陆续续买全十八册，后有一半被人借丢，又买了一套十月文艺出版社的《三毛全集》（十一册）。

我藏书的目的不在藏，而在于读，我坚持每月阅读十本以上图书，应当说，阅读积累对一个作家的创作至关重要。

三毛是定海文化名人，自然引起我的关注，于是不断购买有关三毛的书，其中有关写三毛生活方面的图书，买了八十多种，加上《三毛作品集》之类，达一百五十多本。

五

"我以我心写三毛。"我不想重复写他人之所写，要努力填补三毛研究的一些空白，尤其是三毛与故乡部分、三毛与倪老部分。

写《柳永传》，我找到两个关键词：词魔与官魔。

写"三毛传"，我找到一个关键词：奇女子。

六

2016 年我认识了汪乐或女士，她与倪竹青先生住得很近，她乐于当我与倪老之间的联络员，有时电话联系，有时拍照发我。2016 年汪女士还特意赴台湾，在三毛弟弟陈杰陪同下来到存放三毛骨灰盒的灵堂悼念，并给了我许多新的信息。

2017 年 9 月，认识北京何冰女士，又为我提供了许多三毛的信息。

还有见到三毛姐姐陈田心、三毛弟弟陈杰，也了解到一些三毛生前的情况，这对于写作《世之奇女：三毛》是莫大的帮助。

七

我常说，作家诗人凭作品说话，但对三毛是一个例外。三毛是奇女子，不仅是文学之传奇，还有人生之传奇。

秋天，是收获的季节，同样在人生的秋天，我完成《世之奇女：三毛》的创作。至于写得如何，有请方家、读者批评、赐教。

八

五年时间一部书，从积累素材、构思到完成创作，与朋友们的重视和支持帮助是分不开的。

感谢舟山市委宣传部和浙江省作家协会将"三毛传"列入文艺创作扶持项目。感谢杨亚儿、来其、何徐华、冯季红等的重视和支持。

感谢陈建奋先生为我提供三毛生前好友张南施女士,三毛邻居甘蒂为三毛祖居而写的缅怀回忆三毛的文字手稿,以及筹建三毛祖居的第一手材料。

感谢倪竹青先生为我提供三毛的书信。但书未出版,百岁老人倪老先生于2018年11月23日仙逝,内心无限怀念。

还有汪乐或女士为我提供倪老与三毛交往的相关珍贵资料和宝贵信息。还有方家彪、宋金燕帮我联系三毛姐姐陈田心、弟弟陈杰,并为我提供相关信息。

何冰、马巧红、钱爱康等诸位提供的有关三毛的信息,方云、丁季芳、张伟乐等为我打印文稿所付出的辛劳,在此一并表示致谢!感谢周晓红、颜燕松文友为我校对书稿,感谢舟山市图书馆孙国茂馆长及地方文献专家叶建平先生为我提供相关资料。

初稿完成后,放了将近一年多,我进行不断的修改补充。在此,感谢三毛祖居策划设计人之一、杭州的周晨教授,以八十多岁高龄,带着腿伤为我审读、校对修改文稿,并提出了很多好的意见。感谢三毛家人对举办三毛散文奖以及对我创作上的支持,与三毛家人相识相处是我的荣幸。

感谢陈锟、唐朝晖先生为书稿把关。尤其是唐朝晖先生对全书文字进行了统稿,并策划此书的出版。

关于本书书名,想了好几个,后经张加强先生等建议,定为《世之奇女:三毛》。人世间,唯有爱是永恒的光芒,是永远的力量。因为这无数的爱与力量汇聚,也是我写作"三毛传"的动力。感谢所有支持关注"三毛传"创作的人们!谨以此书献给三毛。

真情文章泣血成，我以我心写三毛。
三毛之后无三毛，人间还说奇女子。

世上奇女有三毛，沙漠旋风刮不休。
歌声萦绕橄榄树，天上人间有知音。

倾尽心力写三毛，且为三毛立心碑。
三毛有灵当欣慰，魂兮归来"小沙女"。

白马

2017 年 11 月 2 日夜初稿

2019 年 8 月 16 日二稿

2020 年疫情期间第三稿

图书在版编目(CIP)数据

世之奇女：三毛 / 白马著. — 北京 ： 北京燕山
出版社，2021.3
ISBN 978-7-5402-5715-6

Ⅰ. ①世… Ⅱ. ①白… Ⅲ. ①三毛（1943-1991）—
传记 Ⅳ. ①K825.6

中国版本图书馆CIP数据核字(2020)第017004号

世之奇女：三毛

作　　者	白马	
策　　划	唐朝晖　孙炜	
责任编辑	任臻　朱菁	
社　　址	北京市丰台区东铁匠营苇子坑 138 号 C 座	
邮　　编	100079	
电　　话	010-65240430	
印　　刷	北京盛通印刷股份有限公司	
开　　本	710mm×1000mm　1/32	
字　　数	230 千字	
印　　张	9.75	
版　　次	2021 年 3 月第 1 版	
印　　次	2021 年 3 月第 1 次印刷	
定　　价	58.00 元	
出版发行	北京燕山出版社有限公司